全国"八五"普法
普法知识题集系列 11

安全生产法

ANQUAN SHENGCHAN FA

普法知识题集

PUFA ZHISHI TIJI

中国法制出版社
CHINA LEGAL PUBLISHING HOUSE

编辑说明

当前，我国已开启全面建设社会主义现代化国家新征程，进入新发展阶段。通过开展“八五”普法，使公民法治素养和社会治理法治化水平显著提升，形成全社会尊法学法守法用法的良好氛围。多层次多领域依法治理深入推进，全社会办事依法、遇事找法、解决问题用法、化解矛盾靠法的法治环境显著改善。

提升公民法治素养是全民普法的主要目标，也是全面依法治国的迫切要求，要突出重点对象，分层分类指导。实行公民终身法治教育制度，把法治教育纳入干部教育体系、国民教育体系、社会教育体系，不断提升全体公民法治意识和法治素养。坚持学用结合、普治并举。注重在立法、执法、司法和法律服务过程中开展实时普法，把普法深度融入立法、执法、司法和法律服务全过程，把普法融入法治实践、基层治理和日常生活。

为配合“八五”普法工作需要，我们组织编写了“普法知识题集系列丛书”。定位普法，覆盖公民、国家工作人员、领导干部、青少年、企业人员等，题型丰富、解析精准、难度适中，从试题角度为普法工作学习提供检验测试工具。丛书具有以下特点：

一、题型丰富。题型涵盖判断题、单选题、多选题、填空题、简答题，完备系统。

二、解析精准。习题均附有参考答案，解析有法律条文做依据，精准可靠。部分判断题、填空题的解析出于节省篇幅考虑，只列出答案和条文序号。

三、难度适中。习题设置避免难题、偏题、怪题，以突出应知应会和重点条文为出发点设置。

本丛书既适合机关、团体、学校、企业、事业单位等组织相关培训配套使用，也适合有学习需求的广大读者阅读。希望本丛书的出版能够有助于引导广大读者养成自觉守法的意识，形成遇事找法的习惯，培养解决问题靠法的意识和能力。为建设信仰法治、公平正义、保障权利、守法诚信、充满活力、和谐有序的社会主义法治社会贡献一份力量。

由于时间和水平有限，不足之处在所难免，敬请广大读者批评指正。

中国法制出版社

2021年6月

目录

一、安全生产法

第一章　总　　则

（一）判断题

1. 工会依法对安全生产工作进行监督。（　　）
2. 生产经营单位必须执行依法制定的保障安全生产的国家标准或者地方标准。（　　）
3. 县级以上各级人民政府应当组织负有安全生产监督管理职责的部门依法编制安全生产权力和责任清单，公开并接受社会监督。（　　）

（二）单项选择题

1. 生产经营单位安全生产第一责任人是：（　　）
   A. 生产经营单位的主要负责人
   B. 生产经营单位的负责人
   C. 生产经营单位的主管领导
   D. 生产经营单位的生产负责人
2. 国家实行生产安全事故责任追究制度，依照本法和有关法律、法规的规定，追究生产安全事故中（　　）法律责任。
   A. 责任单位　　　　B. 责任人员
   C. 责任单位和责任人员　　　　D. 责任单位或责任人员

（三）多项选择题

1. 制定《安全生产法》的目的是：（　　）

A. 加强安全生产工作

B. 防止和减少生产安全事故

C. 保障人民群众生命和财产安全

D. 促进经济社会持续健康发展

2. 安全生产工作要坚持的要求有：（　　）

A. 坚持安全第一、预防为主、综合治理的方针

B. 坚持中国共产党的领导

C. 实行管行业必须管安全、管业务必须管安全、管生产经营必须管安全

D. 坚持预防为主，事后及时补救

3. 下列关于生产经营单位的说法正确的有：（　　）

A. 对安全生产实行集体负责制

B. 构建安全风险分级管控和隐患排查治理双重预防机制

C. 健全风险防范化解机制

D. 平台经济等新兴行业的生产经营单位应当建立健全并落实全员安全生产责任制

4. 下列关于安全生产工作说法正确的有：（　　）

A. 各级人民政府及其有关部门应当采取多种形式，加强对有关安全生产的法律、法规和安全生产知识的宣传，增强全社会的安全生产意识

B. 有关协会组织依照法律、行政法规和章程，为生产经营单位提供安全生产方面的信息、培训等服务，发挥自律作用，促进生产经营单位加强安全生产管理

C. 依法设立的为安全生产提供技术、管理服务的机构，依照法律、行政法规和执业准则，接受生产经营单位的委托为其安全生产工

作提供技术、管理服务

D. 工会依照行业习惯、生产准则、法律法规要求为企业员工提供必要的安全生产保护器具

（四）填空题

1. 生产经营单位制定或者修改有关安全生产的规章制度，应当听取____的意见。
2. 国家对在____、____、____等方面取得显著成绩的单位和个人，给予奖励。

（五）简答题

简述各级人民政府对开展安全生产应采取的工作。

参考答案

（一）判断题

1. √，解析：根据《安全生产法》第 7 条第 1 款规定。
2. ×，解析：根据《安全生产法》第 11 条第 2 款规定，生产经营单位必须执行依法制定的保障安全生产的国家标准或者行业标准。
3. √，解析：根据《安全生产法》第 17 条规定。

（二）单项选择题

1. A，解析：根据《安全生产法》第 5 条规定，生产经营单位的主要负责人是本单位安全生产第一责任人，对本单位的安全生产工作全面负责。其他负责人对职责范围内的安全生产工作负责。
2. C，解析：根据《安全生产法》第 16 条规定，国家实行生产安全事故责任追究制度，依照本法和有关法律、法规的规定，追究生产安全事故责任单位和责任人员的法律责任。

（三）多项选择题

1. ABCD，解析：根据《安全生产法》第 1 条规定，为了加强安全生产工作，防止和减少生产安全事故，保障人民群众生命和财产安全，促进经济社会持续健康发展，制定本法。
2. ABC，解析：根据《安全生产法》第 3 条规定，安全生产工作坚持中国共产党的领导。安全生产工作应当以人为本，坚持人民至上、生命至上，把保护人民生命安全摆在首位，树牢安全发展理念，坚持安全第一、预防为主、综合治理的方针，从源头上防范化解重大安全风险。安全生产工作实行管行业必须管安全、管业务必须管安全、管生产经营必须管安全，强化和落实生产经营单位主体责任与政府监管责任，建立生产经营单位负责、职工参与、政府监管、行业自律和社会监督的机制。
3. BCD，解析：根据《安全生产法》第 4 条规定，生产经营单位必须遵守本法和其他有关安全生产的法律、法规，加强安全生产管理，建立健全全员安全生产责任制和安全生产规章制度，加大对安全生产资金、物资、技术、人员的投入保障力度，改善安全生产条件，加强安全生产标准化、信息化建设，构建安全风险分级管控和隐患排查治理双重预防机制，健全风险防范化解机制，提高安全生产水平，确保安全生产。平台经济等新兴行业、领域的生产经营单位应当根据本行业、领域的特点，建立健全并落实全员安全生产责任制，加强从业人员安全生产教育和培训，履行本法和其他法律、法规规定的有关安全生产义务。
4. ABC，解析：根据《安全生产法》第 13 条规定，各级人民政府及其有关部门应当采取多种形式，加强对有关安全生产的法律、法规和安全生产知识的宣传，增强全社会的安全生产意识。第 14 条规定，有关协会组织依照法律、行政法规和章程，为生产经营单位提供安全生产方面的信息、培训等服务，发挥自律作用，促进生产经营单位加强安全生产管理。第 15 条第 1 款规定，依法设立的为安全生产提供技术、管理服务的机构，依照法律、行政法规和执业准则，接受生产经营单位的委托为其安全生产工作提供技术、管理服务。

（四）填空题

1. 工会。（《安全生产法》第 7 条第 2 款）
2. 改善安全生产条件；防止生产安全事故；参加抢险救护。（《安全生产法》第 19 条）

（五）简答题

答：根据《安全生产法》第 8 条规定，国务院和县级以上地方各级人民政府应当根据国民经济和社会发展规划制定安全生产规划，并组织实施。安全生产规划应当与国土空间规划等相关规划相衔接。

各级人民政府应当加强安全生产基础设施建设和安全生产监管能力建设，所需经费列入本级预算。

县级以上地方各级人民政府应当组织有关部门建立完善安全风险评估与论证机制，按照安全风险管控要求，进行产业规划和空间布局，并对位置相邻、行业相近、业态相似的生产经营单位实施重大安全风险联防联控。

第 9 条规定，国务院和县级以上地方各级人民政府应当加强对安全生产工作的领导，建立健全安全生产工作协调机制，支持、督促各有关部门依法履行安全生产监督管理职责，及时协调、解决安全生产监督管理中存在的重大问题。

乡镇人民政府和街道办事处，以及开发区、工业园区、港区、风景区等应当明确负责安全生产监督管理的有关工作机构及其职责，加强安全生产监管力量建设，按照职责对本行政区域或者管理区域内生产经营单位安全生产状况进行监督检查，协助人民政府有关部门或者按照授权依法履行安全生产监督管理职责。

第二章　生产经营单位的安全生产保障

（一）判断题

1. 生产经营单位的主要负责人和安全生产管理人员必须具备与本单位所从事的生产经营活动相应的安全生产知识和管理能力。（　　）
2. 特种作业人员的范围由国务院应急管理部门确定。（　　）
3. 国家对严重危及生产安全的工艺、设备实行淘汰制度。（　　）
4. 生产经营场所和员工宿舍应当设有符合紧急疏散要求、标志明显、保持畅通的出口、疏散通道。禁止占用、锁闭、封堵生产经营场所或者员工宿舍出口、疏散通道。（　　）
5. 生产经营单位不得将生产经营项目、场所、设备发包或者出租。（　　）

（二）单项选择题

1. 不强制设置安全生产管理机构的单位是：（　　）

A. 矿山、金属冶炼单位

B. 建筑施工、运输单位

C. 危险物品的生产、经营、储存、装卸单位

D. 从业人员在100人以下的其他生产经营单位

2. 生产经营单位应当对从业人员进行安全生产教育和培训，未经安全生产教育和培训合格的从业人员，（　　）上岗作业。

A. 不得　　B. 可以

C. 禁止长时间　　D. 允许短时间

3. 建设项目安全设施的（　　）应当对安全设施设计负责。

A. 设计人　　B. 设计单位

C. 设计人和设计单位　　D. 设计人或设计单位

4. 生产经营单位对重大危险源采取的措施有：(　　)

A. 登记建档，进行定期检测、评估、监控

B. 监控录像保存 5 年以上

C. 报上级主管部门备案

D. 进行模拟演练

5. 下列关于安全生产责任保险制度说法错误的是：(　　)

A. 高危行业的生产经营单位，应当投保安全生产责任保险

B. 国家鼓励生产经营单位投保安全生产责任保险

C. 生产经营单位必须依法参加工伤保险

D. 生产经营单位必须投保安全生产责任保险

(三) 多项选择题

1. 生产经营单位应当具备本法和有关法律、行政法规和(　　)规定的安全生产条件；不具备安全生产条件的，不得从事生产经营活动。

A. 国际标准　　B. 国家标准

C. 行业标准　　D. 企业标准

2. 下列关于安全生产费用的说法正确的有：(　　)

A. 生产经营单位应当具备的安全生产条件所必需的资金投入，由生产经营单位的决策机构、主要负责人或者个人经营的投资人予以保证

B. 安全生产必要费用不得低于生产经营单位上一年收入的 10%

C. 安全生产费用在成本中据实列支

D. 生产经营单位应当按照规定提取和使用安全生产费用，专门用于改善安全生产条件

3. 生产经营单位采用新工艺、新技术、新材料或者使用新设备前要做好的准备有：(　　)

A. 必须了解、掌握其安全技术特性

B. 采取有效的安全防护措施

C. 报上级主管部门备案

D. 对从业人员进行专门的安全生产教育和培训

4. 矿山、金属冶炼建设项目和用于(　　)危险物品的建设项目竣工投入生产或者使用前，应当由建设单位负责组织对安全设施进行验收；验收合格后，方可投入生产和使用。

A. 生产　　B. 储存

C. 装卸　　D. 使用

5. 生产经营单位不得关闭、破坏直接关系生产安全的监控、报警、防护、救生设备、设施，或者(　　)其相关数据、信息。

A. 隐藏　　B. 篡改

C. 隐瞒　　D. 销毁

6. 两个以上生产经营单位在同一作业区域内进行生产经营活动，可能危及对方生产安全的，双方应当：(　　)

A. 该区域内仅能保留一家生产经营单位

B. 签订安全生产管理协议

C. 明确各自的安全生产管理职责和应当采取的安全措施

D. 指定专职安全生产管理人员进行安全检查与协调

(四) 填空题

1. 生产经营单位的全员安全生产责任制应当明确各岗位的____、____和考核标准等内容。

2. 生产经营单位作出涉及安全生产的经营决策，应当听取____以及____的意见。

3. 生产经营单位应当在____的生产经营场所和有关设施、设备上，设置明显的____标志。

4. 生产经营单位必须为从业人员提供符合国家标准或者行业标准的____用品，并监督、教育从业人员按照使用规则____、____。

（五）简答题

1. 简述生产经营单位的主要负责人对本单位安全生产工作负有的职责。
2. 简述生产经营单位的安全生产管理机构以及安全生产管理人员应当履行的职责。

参考答案

（一）判断题

1. √，解析：根据《安全生产法》第 27 条第 1 款规定。
2. ×，解析：根据《安全生产法》第 30 条第 2 款规定，特种作业人员的范围由国务院应急管理部门会同国务院有关部门确定。
3. √，解析：根据《安全生产法》第 38 条第 1 款规定。
4. √，解析：根据《安全生产法》第 42 条第 2 款规定。
5. ×，解析：根据《安全生产法》第 49 条第 1 款规定，生产经营单位不得将生产经营项目、场所、设备发包或者出租给不具备安全生产条件或者相应资质的单位或者个人。

（二）单项选择题

1. D，解析：根据《安全生产法》第 24 条规定，矿山、金属冶炼、建筑施工、运输单位和危险物品的生产、经营、储存、装卸单位，应当设置安全生产管理机构或者配备专职安全生产管理人员。前款规定以外的其他生产经营单位，从业人员超过 100 人的，应当设置安全生产管理机构或者配备专职安全生产管理人员；从业人员在 100 人以下的，应当配备专职或者兼职的安全生产管理人员。
2. A，解析：根据《安全生产法》第 28 条第 1 款规定，生产经营单位应当对从业人员进行安全生产教育和培训，保证从业人员具备必要的安全生产知识，熟悉有关的安全生产规章制度和安全操作规程，掌握本岗位的安全操作技能，了解事故应急处理措施，知悉自身在安全生产方面的权利和义务。未经安全生产教育和培训合格的从业人员，不得上岗作业。

3. C，解析：根据《安全生产法》第 33 条第 1 款规定，建设项目安全设施的设计人、设计单位应当对安全设施设计负责。
4. A，解析：根据《安全生产法》第 40 条第 1 款规定，生产经营单位对重大危险源应当登记建档，进行定期检测、评估、监控，并制定应急预案，告知从业人员和相关人员在紧急情况下应当采取的应急措施。
5. D，解析：根据《安全生产法》第 51 条规定，生产经营单位必须依法参加工伤保险，为从业人员缴纳保险费。国家鼓励生产经营单位投保安全生产责任保险；属于国家规定的高危行业、领域的生产经营单位，应当投保安全生产责任保险。具体范围和实施办法由国务院应急管理部门会同国务院财政部门、国务院保险监督管理机构和相关行业主管部门制定。

（三）多项选择题

1. BC，解析：根据《安全生产法》第 20 条规定，生产经营单位应当具备本法和有关法律、行政法规和国家标准或者行业标准规定的安全生产条件；不具备安全生产条件的，不得从事生产经营活动。
2. ACD，解析：根据《安全生产法》第 23 条规定，生产经营单位应当具备的安全生产条件所必需的资金投入，由生产经营单位的决策机构、主要负责人或者个人经营的投资人予以保证，并对由于安全生产所必需的资金投入不足导致的后果承担责任。有关生产经营单位应当按照规定提取和使用安全生产费用，专门用于改善安全生产条件。安全生产费用在成本中据实列支。安全生产费用提取、使用和监督管理的具体办法由国务院财政部门会同国务院应急管理部门征求国务院有关部门意见后制定。
3. ABD，解析：根据《安全生产法》第 29 条规定，生产经营单位采用新工艺、新技术、新材料或者使用新设备，必须了解、掌握其安全技术特性，采取有效的安全防护措施，并对从业人员进行专门的安全生产教育和培训。
4. ABC，解析：根据《安全生产法》第 34 条第 2 款规定，矿山、金属冶炼建设项目和用于生产、储存、装卸危险物品的建设项目竣工投入生产或者使用前，应当由建设单位负责组织对安全设施进行验收；验收合格后，方可投入生产和使用。负有安全生产监督管理职责的部门应当加强对建设单位验收活动和验收结果的监督核查。

5. BCD，解析，根据《安全生产法》第36条第3款规定，生产经营单位不得关闭、破坏直接关系生产安全的监控、报警、防护、救生设备、设施，或者篡改、隐瞒、销毁其相关数据、信息。
6. BCD，解析：根据《安全生产法》第48条规定，两个以上生产经营单位在同一作业区域内进行生产经营活动，可能危及对方生产安全的，应当签订安全生产管理协议，明确各自的安全生产管理职责和应当采取的安全措施，并指定专职安全生产管理人员进行安全检查与协调。

（四）填空题

1. 责任人员；责任范围。（《安全生产法》第22条第1款）
2. 安全生产管理机构；安全生产管理人员。（《安全生产法》第26条第2款）
3. 有较大危险因素；安全警示。（《安全生产法》第35条）
4. 劳动防护；佩戴；使用。（《安全生产法》第45条）

（五）简答题

1. 答：根据《安全生产法》第21条规定，生产经营单位的主要负责人对本单位安全生产工作负有下列职责：

（1）建立健全并落实本单位全员安全生产责任制，加强安全生产标准化建设；

（2）组织制定并实施本单位安全生产规章制度和操作规程；

（3）组织制定并实施本单位安全生产教育和培训计划；

（4）保证本单位安全生产投入的有效实施；

（5）组织建立并落实安全风险分级管控和隐患排查治理双重预防工作机制，督促、检查本单位的安全生产工作，及时消除生产安全事故隐患；

（6）组织制定并实施本单位的生产安全事故应急救援预案；

（7）及时、如实报告生产安全事故。

2. 答：根据《安全生产法》第25条第1款规定，生产经营单位的安全生产管理机构以及安全生产管理人员履行下列职责：

(1) 组织或者参与拟订本单位安全生产规章制度、操作规程和生产安全事故应急救援预案；

(2) 组织或者参与本单位安全生产教育和培训，如实记录安全生产教育和培训情况；

(3) 组织开展危险源辨识和评估，督促落实本单位重大危险源的安全管理措施；

(4) 组织或者参与本单位应急救援演练；

(5) 检查本单位的安全生产状况，及时排查生产安全事故隐患，提出改进安全生产管理的建议；

(6) 制止和纠正违章指挥、强令冒险作业、违反操作规程的行为；

(7) 督促落实本单位安全生产整改措施。

第三章　从业人员的安全生产权利义务

（一）判断题

1. 生产经营单位与从业人员订立的劳动合同，只需载明有关保障从业人员劳动安全、防止职业危害的事项。（　　）
2. 生产经营单位使用被派遣劳动者的，被派遣劳动者享有本法规定的从业人员的权利，并应当履行本法规定的从业人员的义务。（　　）

（二）单项选择题

1. 生产经营单位不得以任何形式与从业人员订立协议，（　　）其对从业人员因生产安全事故伤亡依法应承担的责任。

   A. 免除　　　　B. 减轻

   C. 免除或者减轻　　　　D. 从轻或者减轻

2. 工会有权对建设项目的安全设施与主体工程（　　）生产和使用进行监督，提出意见。

   A. 同时设计、同时施工、同时投入

   B. 同时计划、同时施工、同时投入

   C. 同时设计、同时动工、同时投入

   D. 同时规划、同时动工、同时投入

（三）多项选择题

1. 下列关于生产经营单位的从业人员的安全生产权利的说法正确的有：（　　）

   A. 有权对本单位安全生产工作中存在的问题提出批评、检举、控告

   B. 有权了解其作业场所和工作岗位存在的危险因素、防范措施及事故应急措施

C. 有权拒绝违章指挥和强令冒险作业

D. 有权对本单位的安全生产工作提出建议

2. 下列关于生产经营单位的从业人员的安全生产义务的说法正确的有：（　　）

A. 从业人员在作业过程中，应当严格落实岗位安全责任，遵守本单位的安全生产规章制度和操作规程，服从管理

B. 从业人员在作业过程中，应当正确佩戴和使用劳动防护用品

C. 从业人员应当接受安全生产教育和培训，掌握本职工作所需的安全生产知识，提高安全生产技能，增强事故预防和应急处理能力

D. 从业人员发现事故隐患或者其他不安全因素，应当立即向现场安全生产管理人员或者本单位负责人报告

（四）填空题

1. 从业人员发现直接危及____的紧急情况时，有权____或者在采取可能的应急措施后撤离作业场所。

2. 因生产安全事故受到损害的从业人员，除依法享有____外，依照有关民事法律尚有获得赔偿的权利的，有权提出____。

（五）简答题

简述工会在生产经营单位违反安全生产法律法规时应当履行的职责。

参考答案

（一）判断题

1. ×，解析：根据《安全生产法》第 52 条第 1 款规定，生产经营单位与从业人员订立的劳动合同，应当载明有关保障从业人员劳动安全、防止职业危害的事项，以及依法为从业人员办理工伤保险的事项。

2. √，解析：根据《安全生产法》第 61 条规定。

（二）单项选择题

1. C，解析：根据《安全生产法》第 52 条第 2 款规定，生产经营单位不得以任何形式与从业人员订立协议，免除或者减轻其对从业人员因生产安全事故伤亡依法应承担的责任。
2. A，解析：根据《安全生产法》第 60 条第 1 款规定，工会有权对建设项目的安全设施与主体工程同时设计、同时施工、同时投入生产和使用进行监督，提出意见。

（三）多项选择题

1. ABCD，解析：根据《安全生产法》第 53 条规定，生产经营单位的从业人员有权了解其作业场所和工作岗位存在的危险因素、防范措施及事故应急措施，有权对本单位的安全生产工作提出建议。第 54 条第 1 款规定，从业人员有权对本单位安全生产工作中存在的问题提出批评、检举、控告；有权拒绝违章指挥和强令冒险作业。
2. ABCD，解析：根据《安全生产法》第 57 条规定，从业人员在作业过程中，应当严格落实岗位安全责任，遵守本单位的安全生产规章制度和操作规程，服从管理，正确佩戴和使用劳动防护用品。第 58 条规定，从业人员应当接受安全生产教育和培训，掌握本职工作所需的安全生产知识，提高安全生产技能，增强事故预防和应急处理能力。第 59 条规定，从业人员发现事故隐患或者其他不安全因素，应当立即向现场安全生产管理人员或者本单位负责人报告；接到报告的人员应当及时予以处理。

（四）填空题

1. 人身安全；停止作业。（《安全生产法》第 55 条第 1 款）
2. 工伤保险；赔偿要求。（《安全生产法》第 56 条第 2 款）

（五）简答题

答：根据《安全生产法》第 60 条第 2、3 款规定，工会对生产经营单位违反安全生产法律、法规，侵犯从业人员合法权益的行为，有权要求纠正；发现生产经营单位违章指挥、强令冒险作业或者发现事故隐患时，有权提出解决的建议，生产经营单位应当及时研究答复；发现危及从业人员生命安全的情况时，有权向生产经营单位建议组织从业人员撤离危险场所，生产经营单位必须立即作出处理。工会有权依法参加事故调查，向有关部门提出处理意见，并要求追究有关人员的责任。

第四章　安全生产的监督管理

（一）判断题

1. 负有安全生产监督管理职责的部门对涉及安全生产的事项进行审查、验收，可以收取必要费用。(　　)
2. 负有安全生产监督管理职责的部门应当对存在重大事故隐患的生产经营单位采取立即停止供电、停止供应民用爆炸物品等措施。(　　)
3. 承担安全评价、认证、检测、检验职责的机构应当建立并实施服务公开和报告公开制度，不得租借资质、挂靠、出具虚假报告。(　　)

（二）单项选择题

1. 负有安全生产监督管理职责的部门应当建立举报制度。涉及人员死亡的举报事项，应当由(　　)组织核查处理。

   A. 县级以上人民政府

   B. 县级以上监察机关

   C. 负有安全生产监督管理职责的部门

   D. 公安机关

2. 任何单位或者个人对事故隐患或者安全生产违法行为，均有权向(　　)报告或者举报。

   A. 违法企业主管部门

   B. 违法企业所在地的县级人民政府

   C. 违法企业所在地的公安机关

   D. 负有安全生产监督管理职责的部门

（三）多项选择题

1. 下列关于安全生产监督检查人员的说法正确的有：（　　）

A. 安全生产监督检查人员应当忠于职守，坚持原则，秉公执法

B. 工作时应穿着统一的制式服装

C. 执行检查任务时应出示有效的行政执法证件

D. 对涉及被检查单位的技术秘密和业务秘密，应当为其保密

2. 负有安全生产监督管理职责的部门对违法行为情节严重的生产经营单位及其有关从业人员，应当及时向社会公告，并通报：（　　）

A. 行业主管部门　　B. 投资主管部门

C. 自然资源主管部门　　D. 生态环境主管部门

（四）填空题

1. 应急管理部门应当按照____监督管理的要求，制定安全生产____计划。

2. 负有安全生产监督管理职责的部门在监督检查中，应当互相配合，实行____；确需分别进行检查的，应当____。

3. 因安全生产违法行为造成重大事故隐患或者导致重大事故，致使____或者____受到侵害的，人民检察院可以根据民事诉讼法、行政诉讼法的相关规定提起____诉讼。

4. 新闻、出版、广播、电影、电视等单位有进行安全生产____的义务，有对违反安全生产法律、法规的行为进行____的权利。

（五）简答题

简述应急管理部门和其他负有安全生产监督管理职责的部门在依法开展安全生产行政执法工作和对生产经营单位执行有关安全生产的法律、法规和国家标准或者行业标准的情况进行监督检查时应当行使的职权。

参考答案

（一）判断题

1. ×，解析：根据《安全生产法》第 64 条规定，负有安全生产监督管理职责的部门对涉及安全生产的事项进行审查、验收，不得收取费用。
2. ×，解析：根据《安全生产法》第 70 条第 1 款规定，负有安全生产监督管理职责的部门依法对存在重大事故隐患的生产经营单位作出停产停业、停止施工、停止使用相关设施或者设备的决定，生产经营单位应当依法执行，及时消除事故隐患。生产经营单位拒不执行，有发生生产安全事故的现实危险的，在保证安全的前提下，经本部门主要负责人批准，负有安全生产监督管理职责的部门可以采取通知有关单位停止供电、停止供应民用爆炸物品等措施，强制生产经营单位履行决定。通知应当采用书面形式，有关单位应当予以配合。
3. √，解析：根据《安全生产法》第 72 条第 2 款规定。

（二）单项选择题

1. A，解析：根据《安全生产法》第 73 条规定，负有安全生产监督管理职责的部门应当建立举报制度，公开举报电话、信箱或者电子邮件地址等网络举报平台，受理有关安全生产的举报；受理的举报事项经调查核实后，应当形成书面材料；需要落实整改措施的，报经有关负责人签字并督促落实。对不属于本部门职责，需要由其他有关部门进行调查处理的，转交其他有关部门处理。涉及人员死亡的举报事项，应当由县级以上人民政府组织核查处理。
2. D，解析：根据《安全生产法》第 74 条第 1 款规定，任何单位或者个人对事故隐患或者安全生产违法行为，均有权向负有安全生产监督管理职责的部门报告或者举报。

（三）多项选择题

1. ACD，解析：根据《安全生产法》第 67 条规定，安全生产监督检查人员应当忠于职守，坚持原则，秉公执法。安全生产监督检查人员执行监督检查任务时，必须出示有效的行政执法证件；对涉及被检查单位的技术秘密和业务秘密，应当为其保密。

2. ABCD，解析：根据《安全生产法》第 78 条第 1 款规定，负有安全生产监督管理职责的部门应当建立安全生产违法行为信息库，如实记录生产经营单位及其有关从业人员的安全生产违法行为信息；对违法行为情节严重的生产经营单位及其有关从业人员，应当及时向社会公告，并通报行业主管部门、投资主管部门、自然资源主管部门、生态环境主管部门、证券监督管理机构以及有关金融机构。有关部门和机构应当对存在失信行为的生产经营单位及其有关从业人员采取加大执法检查频次、暂停项目审批、上调有关保险费率、行业或者职业禁入等联合惩戒措施，并向社会公示。

（四）填空题

1. 分类分级；年度监督检查。（《安全生产法》第 62 条第 2 款）
2. 联合检查；互通情况。（《安全生产法》第 69 条）
3. 国家利益；社会公共利益；公益。（《安全生产法》第 74 条第 2 款）
4. 公益宣传教育；舆论监督。（《安全生产法》第 77 条）

（五）简答题

答：根据《安全生产法》第 65 条第 1 款规定，应急管理部门和其他负有安全生产监督管理职责的部门依法开展安全生产行政执法工作，对生产经营单位执行有关安全生产的法律、法规和国家标准或者行业标准的情况进行监督检查，行使以下职权：

（1）进入生产经营单位进行检查，调阅有关资料，向有关单位和人员了解情况；

（2）对检查中发现的安全生产违法行为，当场予以纠正或者要求限期改正；对依法应当给予行政处罚的行为，依照本法和其他有关法律、行政法规的规定作出行政处罚决定；

（3）对检查中发现的事故隐患，应当责令立即排除；重大事故隐患排除前或者排除过程中无法保证安全的，应当责令从危险区域内撤出作业人员，责令暂时停产停业或者停止使用相关设施、设备；重大事故隐患排除后，经审查同意，方可恢复生产经营和使用；

（4）对有根据认为不符合保障安全生产的国家标准或者行业标准的设施、设备、器材以及违法生产、储存、使用、经营、运输的危险物品予以查封或者扣押，对违法生产、储存、使用、经营危险物品的作业场所予以查封，并依法作出处理决定。

第五章 生产安全事故的应急救援与调查处理

（一）判断题

1. 危险物品的生产、经营、储存单位以及矿山、金属冶炼、城市轨道交通运营、建筑施工单位必须建立应急救援组织。（　　）
2. 事故调查报告应当依法及时向社会公布。（　　）

（二）单项选择题

1. 国务院（　　）牵头建立全国统一的生产安全事故应急救援信息系统。
   A. 应急管理部门　　B. 安全生产监督管理部门
   C. 交通运输行政管理部门　　D. 住房和城乡建设行政管理部门
2. 任何单位和个人都应当（　　）事故抢救，并提供一切便利条件。
   A. 支持、参与　　B. 支持、配合
   C. 协助、配合　　D. 参与、协助

（三）多项选择题

1. 下列关于生产安全事故的应急救援的说法正确的有：（　　）
   A. 国家加强生产安全事故应急能力建设
   B. 国家在重点行业、领域建立应急救援基地和应急救援队伍，并由国家安全生产应急救援机构统一协调指挥
   C. 国家鼓励生产经营单位和其他社会力量建立应急救援队伍
   D. 县级以上地方各级人民政府应当组织有关部门制定本行政区域内生产安全事故应急救援预案，建立应急救援体系
2. 危险物品的生产、经营、储存、运输单位以及矿山、金属冶炼、城市轨道交通运营、建筑施工单位应当配备必要的应急救援（　　），并

进行经常性维护、保养，保证正常运转。

A. 器材　　B. 设备

C. 设施　　D. 物资

3. 生产经营单位发生生产安全事故，经调查确定为责任事故的，除了应当查明事故单位的责任并依法予以追究外，还应当查明对安全生产的有关事项负有(　　)职责的行政部门的责任，对有失职、渎职行为的，依照《安全生产法》第 90 条的规定追究法律责任。

A. 审查批准　　B. 审查核准

C. 监督　　D. 管理

(四) 填空题

1. 负责事故调查处理的国务院有关部门和地方人民政府应当在批复事故调查报告后____内，组织有关部门对事故整改和防范措施落实情况进行评估，并及时向社会公开评估结果。
2. 任何单位和个人不得____对事故的依法调查处理。

(五) 简答题

简述生产经营单位发生生产安全事故后，各单位及人员应当采取的措施。

参考答案

(一) 判断题

1. ×，解析：根据《安全生产法》第 82 条第 1 款规定，危险物品的生产、经营、储存单位以及矿山、金属冶炼、城市轨道交通运营、建筑施工单位应当建立应急救援组织；生产经营规模较小的，可以不建立应急救援组织，但应当指定兼职的应急救援人员。
2. √，解析：根据《安全生产法》第 86 条第 1 款规定。

（二）单项选择题

1. A，解析：根据《安全生产法》第79条第2款规定，国务院应急管理部门牵头建立全国统一的生产安全事故应急救援信息系统，国务院交通运输、住房和城乡建设、水利、民航等有关部门和县级以上地方人民政府建立健全相关行业、领域、地区的生产安全事故应急救援信息系统，实现互联互通、信息共享，通过推行网上安全信息采集、安全监管和监测预警，提升监管的精准化、智能化水平。
2. B，解析：根据《安全生产法》第85条第4款规定，任何单位和个人都应当支持、配合事故抢救，并提供一切便利条件。

（三）多项选择题

1. ABCD，解析：根据《安全生产法》第79条第1款规定，国家加强生产安全事故应急能力建设，在重点行业、领域建立应急救援基地和应急救援队伍，并由国家安全生产应急救援机构统一协调指挥；鼓励生产经营单位和其他社会力量建立应急救援队伍，配备相应的应急救援装备和物资，提高应急救援的专业化水平。第80条第1款规定，县级以上地方各级人民政府应当组织有关部门制定本行政区域内生产安全事故应急救援预案，建立应急救援体系。
2. ABD，解析：根据《安全生产法》第82条第2款规定，危险物品的生产、经营、储存、运输单位以及矿山、金属冶炼、城市轨道交通运营、建筑施工单位应当配备必要的应急救援器材、设备和物资，并进行经常性维护、保养，保证正常运转。
3. AC，解析：根据《安全生产法》第87条规定，生产经营单位发生生产安全事故，经调查确定为责任事故的，除了应当查明事故单位的责任并依法予以追究外，还应当查明对安全生产的有关事项负有审查批准和监督职责的行政部门的责任，对有失职、渎职行为的，依照本法第90条的规定追究法律责任。

（四）填空题

1. 1年。（《安全生产法》第86条第3款）
2. 阻挠和干涉。（《安全生产法》第88条）

（五）简答题

答：根据《安全生产法》第 83 条规定，生产经营单位发生生产安全事故后，事故现场有关人员应当立即报告本单位负责人。单位负责人接到事故报告后，应当迅速采取有效措施，组织抢救，防止事故扩大，减少人员伤亡和财产损失，并按照国家有关规定立即如实报告当地负有安全生产监督管理职责的部门，不得隐瞒不报、谎报或者迟报，不得故意破坏事故现场、毁灭有关证据。

第 84 条规定，负有安全生产监督管理职责的部门接到事故报告后，应当立即按照国家有关规定上报事故情况。负有安全生产监督管理职责的部门和有关地方人民政府对事故情况不得隐瞒不报、谎报或者迟报。

第 85 条规定，有关地方人民政府和负有安全生产监督管理职责的部门的负责人接到生产安全事故报告后，应当按照生产安全事故应急救援预案的要求立即赶到事故现场，组织事故抢救。参与事故抢救的部门和单位应当服从统一指挥，加强协同联动，采取有效的应急救援措施，并根据事故救援的需要采取警戒、疏散等措施，防止事故扩大和次生灾害的发生，减少人员伤亡和财产损失。事故抢救过程中应当采取必要措施，避免或者减少对环境造成的危害。任何单位和个人都应当支持、配合事故抢救，并提供一切便利条件。

第六章　法律责任

（一）判断题

1. 生产经营单位的主要负责人未履行本法规定的安全生产管理职责，导致发生生产安全事故的，由应急管理部门处 2 万元以上 5 万元以下的罚款。（　　）
2. 生产经营单位与从业人员订立协议，免除或者减轻其对从业人员因生产安全事故伤亡依法应承担的责任的，该协议无效。（　　）
3.《安全生产法》规定的行政处罚，由应急管理部门和其他负有安全生产监督管理职责的部门按照职责分工决定。（　　）

（二）单项选择题

1. 生产经营单位的决策机构、主要负责人或者个人经营的投资人不依照本法规定保证安全生产所必需的资金投入，导致发生生产安全事故的，给予：（　　）
   A. 生产经营单位的主要负责人严重警告处分，对个人经营的投资人并处 2 万元以上 20 万元以下的罚款
   B. 生产经营单位的主要负责人撤职处分，对个人经营的投资人并处 2 万元以上 10 万元以下的罚款
   C. 生产经营单位的主要负责人严重警告处分，对个人经营的投资人并处 2 万元以上 10 万元以下的罚款
   D. 生产经营单位的主要负责人撤职处分，对个人经营的投资人并处 2 万元以上 20 万元以下的罚款
2. 产经营单位的主要负责人在本单位发生生产安全事故时，不立即组织抢救或者在事故调查处理期间擅离职守或者逃匿的，给予降级、撤职

的处分，并由应急管理部门处上一年年收入(　　)的罚款。

A. 40%至60%　　B. 40%至80%

C. 60%至80%　　D. 60%至100%

3. 生产经营单位拒不执行负有安全生产监督管理职责的部门作出的停产停业整顿决定的，负有安全生产监督管理职责的部门应当提请地方人民政府予以关闭，有关部门应当：(　　)

A. 对生产经营单位处100元万以上的罚款

B. 追究主要责任人的刑事责任

C. 对主要责任人处上一年年收入60%至100%的罚款

D. 依法吊销其有关证照

(三) 多项选择题

1. 负有安全生产监督管理职责的部门的工作人员(　　)，给予降级或者撤职的处分；构成犯罪的，依照刑法有关规定追究刑事责任

A. 对不符合法定安全生产条件的涉及安全生产的事项予以批准或者验收通过的

B. 发现未依法取得批准、验收的单位擅自从事有关活动或者接到举报后不予取缔或者不依法予以处理的

C. 对已经依法取得批准的单位不履行监督管理职责，发现其不再具备安全生产条件而不撤销原批准或者发现安全生产违法行为不予查处的

D. 在监督检查中发现重大事故隐患，不依法及时处理的

2. 生产经营单位未采取措施消除事故隐患的，责令立即消除或者限期消除，处5万元以下的罚款；生产经营单位拒不执行的，对该单位及其直接负责的主管人员应当采取的惩罚措施有：(　　)

A. 吊销生产经营单位有关证照

B. 责令生产经营单位停产停业整顿

C. 对生产经营单位直接负责的主管人员处5万元以上10万元以下的

罚款

D. 对生产经营单位直接负责的主管人员处上一年年收入60%至100%的罚款

3. 生产经营单位的从业人员(　　)的，由生产经营单位给予批评教育，依照有关规章制度给予处分；构成犯罪的，依照刑法有关规定追究刑事责任。

A. 不落实岗位安全责任

B. 不服从管理

C. 违反安全生产规章制度或者操作规程

D. 不及时报告事故隐患

（四）填空题

1. 生产经营单位的其他负责人和安全生产管理人员未履行本法规定的安全生产管理职责的，责令限期改正，处____的罚款。

2. 生产经营单位发生生产安全事故造成____、他人财产损失的，应当依法承担赔偿责任；拒不承担或者其负责人____的，由____依法强制执行。

（五）简答题

简述发生生产安全事故，对负有责任的生产经营单位除要求其依法承担相应的赔偿等责任外，由应急管理部门依照规定处以罚款的标准。

参考答案

（一）判断题

1. ×，解析：根据《安全生产法》第95条规定，生产经营单位的主要负责人未履行本法规定的安全生产管理职责，导致发生生产安全事故的，由应急管理部门依照下列规定处以罚款：（1）发生一般事故的，处上一年年收入40%的罚款；（2）发生较大事故的，处上一年年收入60%的罚款；（3）发生重大事故的，处上一年年收入80%的罚款；（4）发生特别重大事故的，处上一年年收入100%的罚款。

2. √，解析：根据《安全生产法》第106条规定。

3. √，解析：根据《安全生产法》第115条规定。

（二）单项选择题

1. D，解析：根据《安全生产法》第93条规定，生产经营单位的决策机构、主要负责人或者个人经营的投资人不依照本法规定保证安全生产所必需的资金投入，致使生产经营单位不具备安全生产条件的，责令限期改正，提供必需的资金；逾期未改正的，责令生产经营单位停产停业整顿。有前款违法行为，导致发生生产安全事故的，对生产经营单位的主要负责人给予撤职处分，对个人经营的投资人处2万元以上20万元以下的罚款；构成犯罪的，依照刑法有关规定追究刑事责任。

2. D，解析：根据《安全生产法》第110条第1款规定，生产经营单位的主要负责人在本单位发生生产安全事故时，不立即组织抢救或者在事故调查处理期间擅离职守或者逃匿的，给予降级、撤职的处分，并由应急管理部门处上一年年收入60%至100%的罚款；对逃匿的处15日以下拘留；构成犯罪的，依照刑法有关规定追究刑事责任。

3. D，解析：根据《安全生产法》第113条第4项规定，生产经营单位存在下列情形之一的，负有安全生产监督管理职责的部门应当提请地方人民政府予以关闭，有关部门应当依法吊销其有关证照。生产经营单位主要负责人5年内不得担任任何生产经营单位的主要负责人；情节严重的，终身不得担任本行业生产经营单位的主要负责人：（4）拒不执行负有安全生产监督管理职责的部门作出的停产停业整顿决定的。

（三）多项选择题

1. ABCD，解析：根据《安全生产法》第90条第1款规定，负有安全生产监督管理职责的部门的工作人员，有下列行为之一的，给予降级或者撤职的处分；构成犯罪的，依照刑法有关规定追究刑事责任：（1）对不符合法定安全生产条件的涉及安全生产的事项予以批准或者验收通过的；

(2) 发现未依法取得批准、验收的单位擅自从事有关活动或者接到举报后不予取缔或者不依法予以处理的;(3) 对已经依法取得批准的单位不履行监督管理职责,发现其不再具备安全生产条件而不撤销原批准或者发现安全生产违法行为不予查处的;(4) 在监督检查中发现重大事故隐患,不依法及时处理的。

2. BC,解析:根据《安全生产法》第 102 条规定,生产经营单位未采取措施消除事故隐患的,责令立即消除或者限期消除,处 5 万元以下的罚款;生产经营单位拒不执行的,责令停产停业整顿,对其直接负责的主管人员和其他直接责任人员处 5 万元以上 10 万元以下的罚款;构成犯罪的,依照刑法有关规定追究刑事责任。

3. ABC,解析:根据《安全生产法》第 107 条规定,生产经营单位的从业人员不落实岗位安全责任,不服从管理,违反安全生产规章制度或者操作规程的,由生产经营单位给予批评教育,依照有关规章制度给予处分;构成犯罪的,依照刑法有关规定追究刑事责任。

(四) 填空题

1. 1 万元以上 3 万元以下。(《安全生产法》第 96 条)

2. 人员伤亡;逃匿;人民法院。(《安全生产法》第 116 条第 1 款)

(五) 简答题

答:根据《安全生产法》第 114 条规定,发生生产安全事故,对负有责任的生产经营单位除要求其依法承担相应的赔偿等责任外,由应急管理部门依照下列规定处以罚款:

(1) 发生一般事故的,处 30 万元以上 100 万元以下的罚款;

(2) 发生较大事故的,处 100 万元以上 200 万元以下的罚款;

(3) 发生重大事故的,处 200 万元以上 1000 万元以下的罚款;

(4) 发生特别重大事故的,处 1000 万元以上 2000 万元以下的罚款。

发生生产安全事故,情节特别严重、影响特别恶劣的,应急管理部门可以按照前款罚款数额的 2 倍以上 5 倍以下对负有责任的生产经营单位处以罚款。

第七章　附　　则

（一）填空题

国务院应急管理部门和其他负有安全生产监督管理职责的部门应当根据各自的职责分工，制定相关行业、领域重大危险源的____和重大事故隐患的____。

（二）简答题

简述安全生产法中所称危险物品、重大危险源的含义。

参考答案

（一）填空题

辨识标准；判定标准。（《安全生产法》第 118 条第 2 款）

（二）简答题

答：根据《安全生产法》第 117 条规定，危险物品，是指易燃易爆物品、危险化学品、放射性物品等能够危及人身安全和财产安全的物品。

重大危险源，是指长期地或者临时地生产、搬运、使用或者储存危险物品，且危险物品的数量等于或者超过临界量的单元（包括场所和设施）。

二、道路交通安全法

（一）判断题

1. 道路交通安全工作，应当遵循依法管理、方便群众的原则。（　　）
2. 县级以上地方各级人民政府应当适应道路交通发展的需要，依据道路交通安全法律、法规和国家有关政策，制定道路交通安全管理规划，并组织实施。（　　）
3. 国务院交通安全部门负责全国道路交通安全管理工作。（　　）
4. 各级交管部门应当经常进行道路交通安全教育，提高公民的道路交通安全意识。（　　）
5. 驾驶机动车上道路行驶，可以不悬挂机动车号牌，但要放置检验合格标志、保险标志，并随车携带机动车行驶证。（　　）
6. 公安机关交通管理部门、机动车安全技术检验机构可以要求机动车到指定的场所进行维修、保养。（　　）
7. 驾驶人应当按照驾驶证载明的准驾车型驾驶机动车；驾驶机动车时，应当随身携带机动车驾驶证。（　　）
8. 道路划设专用车道的，在特殊情况下，可以允许其他车辆进入专用车道内行驶。（　　）

（二）单项选择题

1. 行人、乘车人、非机动车驾驶人违反道路交通安全法律、法规关于道路通行规定的，处（　　）。

   A. 警告

B. 50 元罚款

C. 拘留

D. 警告或者 5 元以上 50 元以下罚款

2. 机动车驾驶人违反道路交通安全法律、法规关于道路通行规定的，处(　　)。

A. 警告

B. 警告或者 20 元以上 200 元以下罚款

C. 拘留

D. 200 元罚款

3. 饮酒后驾驶机动车的，处(　　)。

A. 暂扣 6 个月机动车驾驶证，并处 1000 以上 2000 元以下罚款

B. 暂扣 3 个月机动车驾驶证，并处 1000 元以上 2000 元以下罚款

C. 暂扣 3 个月机动车驾驶证，并处 1000 元以上 3000 元以下罚款

D. 暂扣 9 个月机动车驾驶证，并处 1000 元以上 2000 元以下罚款

4. 醉酒驾驶机动车的，由公安机关交通管理部门约束至酒醒，吊销机动车驾驶证，依法追究刑事责任；(　　)年内不得重新取得机动车驾驶证。

A. 4　　B. 5

C. 6　　D. 7

5. 伪造、变造或者使用伪造、变造的机动车登记证书、号牌、行驶证、驾驶证的，由公安机关交通管理部门予以收缴，(　　)。

A. 扣留该机动车，处 20 日以下拘留，并处 2000 元以上 5000 元以下罚款

B. 扣留该机动车，处 20 日以下拘留，并处 3000 元以上 5000 元以下罚款

C. 扣留该机动车，处 15 日以下拘留，并处 2000 元以上 5000 元以下罚款

D. 扣留该机动车，处10日以下拘留，并处2000元以上5000元以下罚款

(三) 多项选择题

1 任何单位和个人不得有下列哪些行为？(　　)

A. 拼装机动车或者擅自改变机动车已登记的结构、构造或者特征

B. 改变机动车型号、发动机号、车架号或者车辆识别代号

C. 伪造、变造或者使用伪造、变造的机动车登记证书、号牌、行驶证、检验合格标志、保险标志

D. 使用其他机动车的登记证书、号牌、行驶证、检验合格标志、保险标志

2. 同车道行驶的机动车，后车应当与前车保持足以采取紧急制动措施的安全距离。下列哪些情形下不得超车？(　　)

A. 前车正在左转弯、掉头、超车的

B. 与对面来车有会车可能的

C. 前车为执行紧急任务的警车、消防车、救护车、工程救险车的

D. 行经铁路道口、交叉路口、窄桥、弯道、陡坡、隧道、人行横道、市区交通流量大的路段等没有超车条件的

3. 交通警察调查处理道路交通安全违法行为和交通事故，哪些情形下，应当回避？(　　)

A. 是本案的当事人或者当事人的近亲属

B. 本人或者其近亲属与本案有利害关系

C. 与本案当事人有其他关系，可能影响案件的公正处理

D. 是本案的证人或者受害人

4. 对道路交通安全违法行为的处罚种类包括：(　　)

A. 警告　　B. 罚款

C. 暂扣或者吊销机动车驾驶证　　D. 拘留

（四）填空题

1. 机动车安全技术检验机构对机动车检验收取费用，应当严格执行____核定的收费标准。
2. 国家实行机动车强制报废制度，根据机动车的____和____，规定不同的报废标准。
3. 国家实行____，设立道路交通事故社会救助基金。具体办法由国务院规定。
4. 依法应当登记的非机动车，经公安机关____登记后，方可上道路行驶。
5. 机动车的驾驶培训实行社会化，由____对驾驶培训学校、驾驶培训班实行资格管理，其中专门的拖拉机驾驶培训学校、驾驶培训班由____实行资格管理。
6. 公安机关交通管理部门对机动车驾驶人违反道路交通安全法律、法规的行为，除依法给予行政处罚外，实行____制度。

参考答案

（一）判断题

1. √。解析，根据《道路交通安全法》第 3 条规定。
2. √。解析，根据《道路交通安全法》第 4 条规定。
3. ×。解析，根据《道路交通安全法》第 5 条，国务院公安部门负责全国道路交通安全管理工作。县级以上地方各级人民政府公安机关交通管理部门负责本行政区域内的道路交通安全管理工作。
4. ×。解析，根据《道路交通安全法》第 6 条，各级人民政府应当经常进行道路交通安全教育，提高公民的道路交通安全意识。
5. ×。解析，根据《道路交通安全法》第 11 条规定，驾驶机动车上道路行驶，应当悬挂机动车号牌，放置检验合格标志、保险标志，并随车携带机动车行驶证。

6. ×。解析，根据《道路交通安全法》第13条规定，公安机关交通管理部门、机动车安全技术检验机构不得要求机动车到指定的场所进行维修、保养。
7. √。解析，根据《道路交通安全法》第19条规定。
8. ×。解析，根据《道路交通安全法》第37条规定，道路划设专用车道的，在专用车道内，只准许规定的车辆通行，其他车辆不得进入专用车道内行驶。

（二）单项选择题

1. D。解析，根据《道路交通安全法》第89条规定，行人、乘车人、非机动车驾驶人违反《道路交通安全法》律、法规关于道路通行规定的，处警告或者5元以上50元以下罚款。
2. B。解析，根据《道路交通安全法》第90条规定，机动车驾驶人违反《道路交通安全法》律、法规关于道路通行规定的，处警告或者20元以上200元以下罚款。本法另有规定的，依照规定处罚。
3. A。解析，根据《道路交通安全法》第91条规定，饮酒后驾驶机动车的，处暂扣6个月机动车驾驶证，并处1000元以上2000元以下罚款。因饮酒后驾驶机动车被处罚，再次饮酒后驾驶机动车的，处10日以下拘留，并处1000元以上2000元以下罚款，吊销机动车驾驶证。
4. B。解析，根据《道路交通安全法》第91条规定，醉酒驾驶机动车的，由公安机关交通管理部门约束至酒醒，吊销机动车驾驶证，依法追究刑事责任；5年内不得重新取得机动车驾驶证。
5. C。解析，根据《道路交通安全法》第96条规定，伪造、变造或者使用伪造、变造的机动车登记证书、号牌、行驶证、驾驶证的，由公安机关交通管理部门予以收缴，扣留该机动车，处15日以下拘留，并处2000元以上5000元以下罚款。

（三）多项选择题

1. ABCD。解析，根据《道路交通安全法》第16条规定，任何单位或者个人不得有下列行为：（1）拼装机动车或者擅自改变机动车已登记的结构、构造或者特征；（2）改变机动车型号、发动机号、车架号或者车辆识别代号；（3）伪造、变造或者使用伪造、变造的机动车登记证书、号牌、行驶证、检验合格标志、保险标志；（4）使用其他机动车的登记证书、号牌、行驶证、检验合格标志、保险标志。

2. ABCD。解析，根据《道路交通安全法》第 43 条规定，同车道行驶的机动车，后车应当与前车保持足以采取紧急制动措施的安全距离。有下列情形之一的，不得超车：（1）前车正在左转弯、掉头、超车的；（2）与对面来车有会车可能的；（3）前车为执行紧急任务的警车、消防车、救护车、工程救险车的；（4）行经铁路道口、交叉路口、窄桥、弯道、陡坡、隧道、人行横道、市区交通流量大的路段等没有超车条件的。

3. ABC。解析，根据《道路交通安全法》第 83 条规定，交通警察调查处理道路交通安全违法行为和交通事故，有下列情形之一的，应当回避：（1）是本案的当事人或者当事人的近亲属；（2）本人或者其近亲属与本案有利害关系；（3）与本案当事人有其他关系，可能影响案件的公正处理。

4. ABCD。解析，根据《道路交通安全法》第 88 条规定，对道路交通安全违法行为的处罚种类包括：警告、罚款、暂扣或者吊销机动车驾驶证、拘留。

（四）填空题

1. 国务院价格主管部门。（《道路交通安全法》第 13 条）
2. 安全技术状况；不同用途。（《道路交通安全法》第 14 条）
3. 机动车第三者责任强制保险制度。（《道路交通安全法》第 17 条）
4. 交通管理部门。（《道路交通安全法》第 18 条）
5. 交通主管部门；农业（农业机械）主管部门。（《道路交通安全法》第 20 条）
6. 累积记分制度。（《道路交通安全法》第 24 条）

三、铁路法

（一）判断题

1. 铁路运输企业必须加强对铁路的管理和保护，定期检查、维修铁路运输设施，保证铁路运输设施完好，保障旅客和货物运输安全。（　　）
2. 车站和列车内的治安秩序，由地方公安机关负责维护。（　　）
3. 可以视方便在铁路线路上铺设平交道口和人行过道。（　　）

（二）单选题

1. 铁路沿线的治安秩序，由地方公安机关和铁路公安机关共同负责维护，以(　　)为主。

A. 铁路总公司　　B. 铁道部
C. 地方公安机关　　D. 铁路公安机关

2. 铁路地界以内的山坡地由(　　)进行整治。

A. 铁路运输企业　　B. 当地人民政府
C. 地方公安机关　　D. 铁路公安机关

3. 运输危险品必须按照国务院铁路主管部门的规定办理，(　　)以非危险品品名托运危险品。

A. 必须　　B. 禁止
C. 可以　　D. 应当

4. 禁止在铁路线路两侧(　　)米以内或者铁路防护林地内放牧。

A. 10　　B. 20
C. 30　　D. 40

（三）多选题

1. 以下哪些原因造成的人身伤亡属于受害人自身的原因造成的人员伤亡？（　　）

A. 违章通过平交道口　　B. 违章通过人行过道

C. 铁路线路上行走　　D. 铁路线路上坐卧

2. 国家铁路的重要（　　），由中国人民武装警察部队负责守卫。

A. 桥梁　　B. 隧道

C. 涵洞　　D. 设施

（四）填空题

1. 禁止在铁路线路上行走、____。
2. 在列车内，____、____、____、____的，铁路职工有权制止，铁路公安人员可以予以拘留。

（五）简答题

简述对聚众拦截列车或者聚众冲击铁路行车调度机构的处理措施。

参考答案

（一）判断题

1. √，解析：根据《铁路法》第 42 条规定。
2. ×，解析：根据《铁路法》第 43 条规定："铁路公安机关和地方公安机关分工负责共同维护铁路治安秩序。车站和列车内的治安秩序，由铁路公安机关负责维护；铁路沿线的治安秩序，由地方公安机关和铁路公安机关共同负责维护，以地方公安机关为主。"
3. ×，解析：根据《铁路法》第 47 条第 1 款规定："禁止擅自在铁路线路上铺设平交道口和人行过道。"

（二）单选题

1. C，解析：根据《铁路法》第43条规定："铁路公安机关和地方公安机关分工负责共同维护铁路治安秩序。车站和列车内的治安秩序，由铁路公安机关负责维护；铁路沿线的治安秩序，由地方公安机关和铁路公安机关共同负责维护，以地方公安机关为主。"
2. A，解析：根据《铁路法》第45条规定："铁路线路两侧地界以外的山坡地由当地人民政府作为水土保持的重点进行整治。铁路隧道顶上的山坡地由铁路运输企业协助当地人民政府进行整治。铁路地界以内的山坡地由铁路运输企业进行整治。"
3. B，解析：根据《铁路法》第48条第1款规定："运输危险品必须按照国务院铁路主管部门的规定办理，禁止以非危险品品名托运危险品。"
4. B，解析：根据《铁路法》第52条规定："禁止在铁路线路两侧二十米以内或者铁路防护林地内放牧。对在铁路线路两侧二十米以内或者铁路防护林地内放牧的，铁路职工有权制止。"

（三）多选题

1. ABCD，解析：根据《铁路法》第58条规定："因铁路行车事故及其他铁路运营事故造成人身伤亡的，铁路运输企业应当承担赔偿责任；如果人身伤亡是因不可抗力或者由于受害人自身的原因造成的，铁路运输企业不承担赔偿责任。违章通过平交道口或者人行过道，或者在铁路线路上行走、坐卧造成的人身伤亡，属于受害人自身的原因造成的人员伤亡。"
2. AB，解析：根据《铁路法》第59条规定："国家铁路的重要桥梁和隧道，由中国人民武装警察部队负责守卫。"

（四）填空题

1. 坐卧。（《铁路法》第51条）
2. 寻衅滋事；扰乱公共秩序；危害旅客人身；财产安全。（《铁路法》第55条）

（五）简答题

答：根据《铁路法》第53条规定："对聚众拦截列车或者聚众冲击铁路行车调度机构的，铁路职工有权制止；不听制止的，公安人员现场负责人有权命令解散；拒不解散的，公安人员现场负责人有权依照国家有关规定决定采取必要手段强行驱散，并对拒不服从的人员强行带离现场或者予以拘留。"

四、铁路安全管理条例

（一）判断题

1. 新建、改建设计开行时速160公里以上列车的铁路或者设计运输量达到国务院铁路行业监督管理部门规定的较大运输量标准的铁路，需要与道路交叉的，应当设置立体交叉设施。（　　）
2. 铁路线路两侧应当设立铁路线路安全保护区。（　　）

（二）单选题

1. 设计开行时速公里以（　　）上列车的铁路应当实行全封闭管理。。

A. 120　　B. 160

C. 180　　D. 200

2. 高速铁路，是指设计开行时速250公里以上（含预留），并且初期运营时速（　　）公里以上的客运列车专线铁路。

A. 120　　B. 160

C. 180　　D. 200

（三）多选题

1. 铁路建设工程的安全设施应当与主体工程同时：（　　）

A. 设计　　B. 施工

C. 投入使用　　D. 建设

2. 新建、改建（　　），需要与铁路交叉的，应当设置立体交叉设施，并优先选择下穿铁路的方案。

A. 高速公路　　B. 一级公路

C. 公交专用路　　D. 城市道路中的快速路

3. 禁止实施下列哪些危及铁路通信、信号设施安全的行为？（　　）

A. 在埋有地下光（电）缆设施的地面上方进行钻探，堆放重物、垃圾，焚烧物品，倾倒腐蚀性物质

B. 在地下光（电）缆两侧各 1 米的范围内建造、搭建建筑物、构筑物等设施

C. 在地下光（电）缆两侧各 1 米的范围内挖砂、取土

D. 在过河光（电）缆两侧各 100 米的范围内挖砂、抛锚或者进行其他危及光（电）缆安全的作业

（四）填空题

1. 铁路建设工程的____、____、____、____以及建设物资、设备的采购，应当依法进行招标。

2. 禁止在铁路线路安全保护区内____、____、种植影响铁路线路安全和行车瞭望的树木等植物。

（五）简答题

1. 简述设置铁路与道路立体交叉设施及其附属安全设施所需费用的承担原则。

2. 简述生产铁路道岔及其转辙设备、铁路信号控制软件和控制设备、铁路通信设备、铁路牵引供电设备的企业应当符合的条件。

3. 简述铁路线路安全保护区的范围。

参考答案

（一）判断题

1. ×，解析：根据《铁路安全管理条例》第 17 条第 1 款规定：“新建、改

建设计开行时速120公里以上列车的铁路或者设计运输量达到国务院铁路行业监督管理部门规定的较大运输量标准的铁路，需要与道路交叉的，应当设置立体交叉设施。”

2. √，解析：根据《铁路安全管理条例》第27条第1款规定：“铁路线路两侧应当设立铁路线路安全保护区。”

（二）单选题

1. A，解析：根据《铁路安全管理条例》第28条规定：“设计开行时速120公里以上列车的铁路应当实行全封闭管理。铁路建设单位或者铁路运输企业应当按照国务院铁路行业监督管理部门的规定在铁路用地范围内设置封闭设施和警示标志。”
2. D，解析：根据《铁路安全管理条例》第107条规定：“本条例所称高速铁路，是指设计开行时速250公里以上（含预留），并且初期运营时速200公里以上的客运列车专线铁路。”

（三）多选题

1. ABC，解析：根据《铁路安全管理条例》第12条规定：“铁路建设工程的安全设施应当与主体工程同时设计、同时施工、同时投入使用。安全设施投资应当纳入建设项目概算。”
2. ABD，解析：根据《铁路安全管理条例》第17条第2款规定：“新建、改建高速公路、一级公路或者城市道路中的快速路，需要与铁路交叉的，应当设置立体交叉设施，并优先选择下穿铁路的方案。”
3. ABCD，解析：根据《铁路安全管理条例》第52条规定：“禁止实施下列危及铁路通信、信号设施安全的行为：（一）在埋有地下光（电）缆设施的地面上方进行钻探，堆放重物、垃圾，焚烧物品，倾倒腐蚀性物质；（二）在地下光（电）缆两侧各1米的范围内建造、搭建建筑物、构筑物等设施；（三）在地下光（电）缆两侧各1米的范围内挖砂、取土；（四）在过河光（电）缆两侧各100米的范围内挖砂、抛锚或者进行其他危及光（电）缆安全的作业。”

（四）填空题

1. 勘察；设计；施工；监理。（《铁路安全管理条例》第8条）

2. 烧荒；放养牲畜。(《铁路安全管理条例》第 29 条)

(五) 简答题

1. 答：根据《铁路安全管理条例》第 18 条规定，设置铁路与道路立体交叉设施及其附属安全设施所需费用的承担，按照下列原则确定：

(1) 新建、改建铁路与既有道路交叉的，由铁路方承担建设费用；道路方要求超过既有道路建设标准建设所增加的费用，由道路方承担；

(2) 新建、改建道路与既有铁路交叉的，由道路方承担建设费用；铁路方要求超过既有铁路线路建设标准建设所增加的费用，由铁路方承担；

(3) 同步建设的铁路和道路需要设置立体交叉设施以及既有铁路道口改造为立体交叉的，由铁路方和道路方按照公平合理的原则分担建设费用。

2. 答：根据《铁路安全管理条例》第 22 条规定，生产铁路道岔及其转辙设备、铁路信号控制软件和控制设备、铁路通信设备、铁路牵引供电设备的企业，应当符合下列条件并经国务院铁路行业监督管理部门依法审查批准：

(1) 有按照国家标准、行业标准检测、检验合格的专业生产设备；

(2) 有相应的专业技术人员；

(3) 有完善的产品质量保证体系和安全管理制度；

(4) 法律、行政法规规定的其他条件。

3. 答：根据《铁路安全管理条例》第 27 条第 1 款规定，铁路线路两侧应当设立铁路线路安全保护区。铁路线路安全保护区的范围，从铁路线路路堤坡脚、路堑坡顶或者铁路桥梁（含铁路、道路两用桥）外侧起向外的距离分别为：

(1) 城市市区高速铁路为 10 米，其他铁路为 8 米；

(2) 城市郊区居民居住区高速铁路为 12 米，其他铁路为 10 米；

(3) 村镇居民居住区高速铁路为 15 米，其他铁路为 12 米；

(4) 其他地区高速铁路为 20 米，其他铁路为 15 米。

五、铁路交通事故应急救援和调查处理条例

（一）判断题

1. 铁路交通事故发生后，乘务员应当立即停车。（　　）
2. 特别重大事故的调查期限为 60 日。（　　）

（二）单选题

1. 重大事故由（　　）组织事故调查组进行调查。
   A. 国务院　　B. 国务院铁路主管部门
   C. 国务院授权的部门　　D. 事故发生地铁路管理机构
2. 重大事故的调查期限为（　　）日。
   A. 10　　B. 20
   C. 30　　D. 60

（三）多选题

1. 根据事故造成的人员伤亡、直接经济损失、列车脱轨辆数、中断铁路行车时间等情形，事故等级分为（　　）。
   A. 特别重大事故　　B. 重大事故
   C. 较大事故　　D. 一般事故
2. 有下列哪些情形之一的，为特别重大事故？（　　）
   A. 造成 30 人以上死亡，或者 100 人以上重伤，或者 1 亿元以上直接经济损失的
   B. 造成 30 人以上死亡，或者 100 人以上急性工业中毒，或者 1 亿元以上直接经济损失的

C. 繁忙干线客运列车脱轨18辆以上并中断铁路行车48小时以上的
D. 繁忙干线货运列车脱轨60辆以上并中断铁路行车48小时以上的

（四）填空题

1. ____是事故赔偿、事故处理以及事故责任追究的依据。
2. 事故的处理情况，除____的外，应当由组织事故调查组的机关或者铁路管理机构向社会公布。

（五）简答题

简述较大铁路交通事故的认定标准。

参考答案

（一）判断题

1. ×，解析：根据《铁路交通事故应急救援和调查处理条例》第18条第1款规定："事故发生后，列车司机或者运转车长应当立即停车，采取紧急处置措施；对无法处置的，应当立即报告邻近铁路车站、列车调度员进行处置。"
2. √，解析：根据《铁路交通事故应急救援和调查处理条例》第27条规定："事故调查组应当按照国家有关规定开展事故调查，并在下列调查期限内向组织事故调查组的机关或者铁路管理机构提交事故调查报告：（一）特别重大事故的调查期限为60日；（二）重大事故的调查期限为30日；（三）较大事故的调查期限为20日；（四）一般事故的调查期限为10日。事故调查期限自事故发生之日起计算。"

（二）单选题

1. B，解析：根据《铁路交通事故应急救援和调查处理条例》第26条规定："特别重大事故由国务院或者国务院授权的部门组织事故调查组进行调查。重大事故由国务院铁路主管部门组织事故调查组进行调查。较大事故和一般事故由事故发生地铁路管理机构组织事故调查组进行调查；国务院铁路主管部门认为必要时，可以组织事故调查组对较大事故和一般事故进行调查。根据事故的具体情况，事故调查组由有关人民政府、公安机关、安全生产监督管理部门、监察机关等单位派人组成，并应当邀请人民检察院派人参加。事故调查组认为必要时，可以聘请有关专家参与事故调查。”

2. C，解析：根据《铁路交通事故应急救援和调查处理条例》第 27 条规定。

（三）多选题

1. ABCD，解析：根据《铁路交通事故应急救援和调查处理条例》第 8 条规定：“根据事故造成的人员伤亡、直接经济损失、列车脱轨辆数、中断铁路行车时间等情形，事故等级分为特别重大事故、重大事故、较大事故和一般事故。”
2. ABCD，解析：根据《铁路交通事故应急救援和调查处理条例》第 9 条规定：“有下列情形之一的，为特别重大事故：（一）造成 30 人以上死亡，或者 100 人以上重伤（包括急性工业中毒，下同），或者 1 亿元以上直接经济损失的；（二）繁忙干线客运列车脱轨 18 辆以上并中断铁路行车 48 小时以上的；（三）繁忙干线货运列车脱轨 60 辆以上并中断铁路行车 48 小时以上的。”

（四）填空题

1. 事故认定书。（《铁路交通事故应急救援和调查处理条例》第 29 条）
2. 依法应当保密。（《铁路交通事故应急救援和调查处理条例》第 31 条）

（五）简答题

答：根据《铁路交通事故应急救援和调查处理条例》第 11 条规定：“有下列情形之一的，为较大事故：（一）造成 3 人以上 10 人以下死亡，或者 10 人以上 50 人以下重伤，或者 1000 万元以上 5000 万元以下直接经济损失的；（二）客运列车脱轨 2 辆以上 18 辆以下的；（三）货运列车脱轨 6 辆以上 60 辆以下的；（四）中断繁忙干线铁路行车 6 小时以上的；（五）中断其他线路铁路行车 10 小时以上的。”

六、民用航空法

（一）判断题

1. 外国制造人生产的任何型号的民用航空器及其发动机、螺旋桨和民用航空器上设备，首次进口中国的，该外国制造人应当向国务院民用航空主管部门申请领取型号认可证书。经审查合格的，发给型号认可证书。(　　)
2. 国家对空域实行分级管理。(　　)

（二）单选题

设立国际机场，由机场所在地(　　)人民政府报请国务院审查批准。

A. 省级　　B. 市级

C. 县级　　D. 州级

（三）多选题

1. 设计(　　)，应当向国务院民用航空主管部门申请领取型号合格证书。

   A. 航空器　　B. 发动机

   C. 螺旋桨　　D. 民用航空器上设备

2. 民用航空器使用民用机场及其助航设施的，应当缴纳(　　)。

   A. 使用费　　B. 服务费

   C. 租赁费　　D. 耗损费

（四）填空题

1. 民用航空器的____或者____应当按照适航证书规定的使用范围使用民用航空器，做好民用航空器的维修保养工作，保证民用航空器处于适航状态。
2. 收到通知的____、____和____，应当立即组织搜寻援救。

（五）简答题

简述禁止在依法划定的民用机场范围内和按照国家规定划定的机场净空保护区域内从事的活动范围。

参考答案

（一）判断题

1. √，解析：根据《民用航空法》第36第1款条规定。
2. ×，解析：根据《民用航空法》第70条规定："国家对空域实行统一管理。"

（二）单选题

A，解析：根据《民用航空法》第64条规定："设立国际机场，由机场所在地省级人民政府报请国务院审查批准。国际机场的开放使用，由国务院民用航空主管部门对外公告；国际机场资料由国务院民用航空主管部门统一对外提供。"

（三）多选题

1. ABCD，解析：根据《民用航空法》第34条规定："设计民用航空器及其发动机、螺旋桨和民用航空器上设备，应当向国务院民用航空主管部门申请领取型号合格证书。经审查合格的，发给型号合格证书。"
2. AB，解析：根据《民用航空法》第68条规定："民用航空器使用民用机场及其助航设施的，应当缴纳使用费、服务费；使用费、服务费的收费标准，由国务院民用航空主管部门制定。"

（四）填空题

1. 所有人；承租人。(《民用航空法》第 38 条)
2. 搜寻援救协调中心；地方人民政府；海上搜寻援救组织。(《民用航空法》第 153 条第 1 款)

（五）简答题

答：根据《民用航空法》第 58 条规定："禁止在依法划定的民用机场范围内和按照国家规定划定的机场净空保护区域内从事下列活动：（一）修建可能在空中排放大量烟雾、粉尘、火焰、废气而影响飞行安全的建筑物或者设施；（二）修建靶场、强烈爆炸物仓库等影响飞行安全的建筑物或者设施；（三）修建不符合机场净空要求的建筑物或者设施；（四）设置影响机场目视助航设施使用的灯光、标志或者物体；（五）种植影响飞行安全或者影响机场助航设施使用的植物；（六）饲养、放飞影响飞行安全的鸟类动物和其他物体；（七）修建影响机场电磁环境的建筑物或者设施。禁止在依法划定的民用机场范围内放养牲畜。"

七、消防法

（一）判断题

1. 消防工作贯彻预防为主、防消结合的方针，按照政府统一领导、部门依法监管、单位全面负责、公民积极参与的原则，实行消防安全责任制，建立健全社会化的消防工作网络。（　　）
2. 任何单位和公民都有参加有组织的灭火工作的义务。（　　）
3. 生产、储存、经营易燃易爆危险品的场所可以与居住场所设置在同一建筑物内。（　　）
4. 消防产品必既可以符合国家标准又可以符合行业标准。（　　）
5. 国家综合性消防救援队、专职消防队扑救火灾、应急救援，可以收取费用。（　　）

（二）单项选择题

1.（　　）领导全国的消防工作。

A. 应急管理部　　B. 中国人民武装警察部队

C. 国务院　　D. 民政部

2. 举办大型群众性活动，（　　）应当依法向公安机关申请安全许可。

A. 承办人　　B. 主办人

C. 协办人　　D. 出资方

3. 国家综合性消防救援队、专职消防队参加火灾以外的其他重大灾害事故的应急救援工作，由（　　）以上人民政府统一领导。

A. 省级　　B. 市级

C. 县级　　D. 乡级

（三）多项选择题

1. 任何单位和个人都有(　　)的义务。

A. 维护消防安全　　B. 保护消防设施

C. 预防火灾　　D. 报告火警

2. 县级以上地方人民政府消防救援机构应当将(　　)的单位，确定为本行政区域内的消防安全重点单位

A. 发生火灾可能性较大

B. 发生火灾可能造成重大的人身伤亡

C. 发生火灾可能造成重大的财产损失

D. 存在发生火灾可能性的

3. 下列哪些部门或者机构有职责加强对消防产品质量的监督检查？(　　)

A. 产品质量行业协会　　B. 产品质量监督部门

C. 工商行政管理部门　　D. 消防救援机构

（四）填空题

1. ____、____、____、____、____、____易燃易爆危险品，必须执行消防技术标准和管理规定。

2. 消防设施，是指____、____、____、____以及____和____、____等。

3. 公众聚集场所，是指____、____、____、____、____、____、____、____、____以及____等。

（五）简答题

1. 简述机关、团体、企业、事业等单位应当履行的消防安全职责。

2. 简述消防安全重点单位除应当履行一般消防安全职责外，还应当履行的消防安全职责。

3. 简述哪些单位应当建立单位专职消防队，承担本单位的火灾扑救工作。

参考答案

（一）判断题

1. √，解析：根据《消防法》第 2 条规定。
2. ×，解析：根据《消防法》第 5 条规定："任何单位和个人都有维护消防安全、保护消防设施、预防火灾、报告火警的义务。任何单位和成年人都有参加有组织的灭火工作的义务。"
3. ×，解析：根据《消防法》第 19 条第 1 款规定："生产、储存、经营易燃易爆危险品的场所不得与居住场所设置在同一建筑物内，并应当与居住场所保持安全距离。"
4. ×，解析：根据《消防法》第 24 条第 1 款规定："消防产品必须符合国家标准；没有国家标准的，必须符合行业标准。禁止生产、销售或者使用不合格的消防产品以及国家明令淘汰的消防产品。"
5. ×，解析：根据《消防法》第 49 条第 1 款规定："国家综合性消防救援队、专职消防队扑救火灾、应急救援，不得收取任何费用。"

（二）单项选择题

1. C，解析：根据《消防法》第 3 条第 1 款规定："国务院领导全国的消防工作。地方各级人民政府负责本行政区域内的消防工作。"
2. A，解析：根据《消防法》第 20 条规定："举办大型群众性活动，承办人应当依法向公安机关申请安全许可，制定灭火和应急疏散预案并组织演练，明确消防安全责任分工，确定消防安全管理人员，保持消防设施和消防器材配置齐全、完好有效，保证疏散通道、安全出口、疏散指示标志、应急照明和消防车通道符合消防技术标准和管理规定。"
3. C，解析：根据《消防法》第 46 条："国家综合性消防救援队、专职消防队参加火灾以外的其他重大灾害事故的应急救援工作，由县级以上人民政府统一领导。"

（三）多项选择题

1. ABCD，解析：根据《消防法》第 5 条规定："任何单位和个人都有维护消防安全、保护消防设施、预防火灾、报告火警的义务。任何单位和成年人都有参加有组织的灭火工作的义务。”

2. ABC，解析：根据《消防法》第 17 条第 1 款规定：“县级以上地方人民政府消防救援机构应当将发生火灾可能性较大以及发生火灾可能造成重大的人身伤亡或者财产损失的单位，确定为本行政区域内的消防安全重点单位，并由应急管理部门报本级人民政府备案。”

3. BCD，解析：根据《消防法》第 25 条：“产品质量监督部门、工商行政管理部门、消防救援机构应当按照各自职责加强对消防产品质量的监督检查。”

（四）填空题

1. 生产；储存；运输；销售；使用；销毁。（《消防法》第 23 条第 1 款）
2. 火灾自动报警系统；自动灭火系统；消火栓系统；防烟排烟系统；应急广播；应急照明；安全疏散设施。（《消防法》第 73 条）
3. 宾馆；饭店；商场；集贸市场；客运车站候车室；客运码头候船厅；民用机场航站楼；体育场馆；会堂；公共娱乐场所。（《消防法》第 73 条）

（五）简答题

1. 答：根据《消防法》第 16 条规定，机关、团体、企业、事业等单位应当履行下列消防安全职责：

（1）落实消防安全责任制，制定本单位的消防安全制度、消防安全操作规程，制定灭火和应急疏散预案；

（2）按照国家标准、行业标准配置消防设施、器材，设置消防安全标志，并定期组织检验、维修，确保完好有效；

（3）对建筑消防设施每年至少进行一次全面检测，确保完好有效，检测记录应当完整准确，存档备查；

（4）保障疏散通道、安全出口、消防车通道畅通，保证防火防烟分区、防火间距符合消防技术标准；

（5）组织防火检查，及时消除火灾隐患；

（6）组织进行有针对性的消防演练；

（7）法律、法规规定的其他消防安全职责。

单位的主要负责人是本单位的消防安全责任人。

2. 答：根据《消防法》第 17 条第 2 款规定，消防安全重点单位除应当履行本法第 16 条规定的职责外，还应当履行下列消防安全职责：

（1）确定消防安全管理人，组织实施本单位的消防安全管理工作；

（2）建立消防档案，确定消防安全重点部位，设置防火标志，实行严格管理；

（3）实行每日防火巡查，并建立巡查记录；

（4）对职工进行岗前消防安全培训，定期组织消防安全培训和消防演练。

3. 答：根据《消防法》第 39 条规定，下列单位应当建立单位专职消防队，承担本单位的火灾扑救工作：

（1）大型核设施单位、大型发电厂、民用机场、主要港口；

（2）生产、储存易燃易爆危险品的大型企业；

（3）储备可燃的重要物资的大型仓库、基地；

（4）第一项、第二项、第三项规定以外的火灾危险性较大、距离国家综合性消防救援队较远的其他大型企业；

（5）距离国家综合性消防救援队较远、被列为全国重点文物保护单位的古建筑群的管理单位。

八、建筑法

(一) 判断题

1. 建筑施工现场必须实行封闭管理。(　　)
2. 建筑施工企业应当遵守有关环境保护和安全生产的法律、法规的规定，采取控制和处理施工现场的各种粉尘、废气、废水、固体废物以及噪声、振动对环境的污染和危害的措施。(　　)
3. 建筑施工企业应当建立健全劳动安全生产教育培训制度，加强对职工安全生产的教育培训；未经安全生产教育培训的人员，不得上岗作业。(　　)

(二) 单项选择题

1. 建筑施工企业的(　　)对本企业的安全生产负责。

A. 董事长　　B. 总经理

C. 监事　　D. 法定代表人

2. 涉及建筑主体和承重结构变动的装修工程，建设单位应当在施工前委托原设计单位或者具有相应资质条件的设计单位提出设计方案；没有设计方案的，(　　)施工。

A. 不得　　B. 暂缓

C. 也可以　　D. 不影响

3. 房屋拆除应当由(　　)对安全负责。

A. 建筑设计单位负责人　　B. 监理单位负责人

C. 建筑施工单位负责人　　D. 总承包人

（三）多项选择题

1. 施工现场对毗邻的（　　）和特殊作业环境可能造成损害的，建筑施工企业应当采取安全防护措施。

A. 周围居民　　B. 建筑物

C. 构筑物　　D. 水渠

2. 作业人员对危及生命安全和人身健康的行为有权提出：（　　）

A. 批评　　B. 检举

C. 控告　　D. 投诉

（四）填空题

1. 建设单位应当向建筑施工企业提供与施工现场相关的____，建筑施工企业应当采取措施加以保护。
2. 施工现场安全由____负责。实行施工总承包的，由____负责。分包单位向____负责，服从总承包单位对施工现场的安全生产管理。
3. 涉及____和____的装修工程，建设单位应当在施工前委托原设计单位或者具有相应资质条件的设计单位提出设计方案。

（五）简答题

简述建设单位应当按照国家有关规定办理申请批准手续的情形。

参考答案

（一）判断题

1. ×，解析：根据《建筑法》第 39 条第 1 款规定："建筑施工企业应当在施工现场采取维护安全、防范危险、预防火灾等措施；有条件的，应当对施工现场实行封闭管理。"

2. √，解析：根据《建筑法》第41条规定。

3. √，解析：根据《建筑法》第46条规定。

（二）单项选择题

1. D，解析：根据《建筑法》第44条规定："建筑施工企业必须依法加强对建筑安全生产的管理，执行安全生产责任制度，采取有效措施，防止伤亡和其他安全生产事故的发生。建筑施工企业的法定代表人对本企业的安全生产负责。"

2. A，解析：根据《建筑法》第49条规定："涉及建筑主体和承重结构变动的装修工程，建设单位应当在施工前委托原设计单位或者具有相应资质条件的设计单位提出设计方案；没有设计方案的，不得施工。"

3. C，解析：根据《建筑法》第50条规定："房屋拆除应当由具备保证安全条件的建筑施工单位承担，由建筑施工单位负责人对安全负责。"

（三）多项选择题

1. BC，解析：根据《建筑法》第39条第2款规定："施工现场对毗邻的建筑物、构筑物和特殊作业环境可能造成损害的，建筑施工企业应当采取安全防护措施。"

2. ABC，解析：根据《建筑法》第47条规定："建筑施工企业和作业人员在施工过程中，应当遵守有关安全生产的法律、法规和建筑行业安全规章、规程，不得违章指挥或者违章作业。作业人员有权对影响人身健康的作业程序和作业条件提出改进意见，有权获得安全生产所需的防护用品。作业人员对危及生命安全和人身健康的行为有权提出批评、检举和控告。"

（四）填空题

1. 地下管线资料。(《建筑法》第40条)

2. 建筑施工企业；总承包单位；总承包单位。(《建筑法》第45条)

3. 建筑主体；承重结构变动。(《建筑法》第49条)

（五）简答题

答：根据《建筑法》第42条规定，有下列情形之一的，建设单位应当按照国家有关规定办理申请批准手续：

（1）需要临时占用规划批准范围以外场地的；

（2）可能损坏道路、管线、电力、邮电通讯等公共设施的；

（3）需要临时停水、停电、中断道路交通的；

（4）需要进行爆破作业的；

（5）法律、法规规定需要办理报批手续的其他情形。

九、煤炭法

（一）判断题

1. 未取得安全生产许可证的，不得从事煤炭生产。(　　)
2. 煤炭资源回采率由煤矿自行确定。(　　)
3. 煤矿企业应当对职工进行安全生产教育、培训；未经安全生产教育、培训的，不得上岗作业。(　　)

（二）单项选择题

1. 煤矿投入生产前，煤矿企业应当依照有关安全生产的法律、行政法规的规定取得(　　)。

A. 规划许可证　　B. 安全生产许可证

C. 开采证　　D. 环评合格证

2. 因开采煤炭压占土地或者造成地表土地塌陷、挖损，由采矿者负责进行复垦，恢复到可供利用的状态；造成他人损失的，应当依法给予(　　)。

A. 补偿　　B. 赔偿　　C. 追偿　　D. 处罚

（三）多项选择题

1. 开采煤炭资源必须符合、遵守和达到哪些规定？(　　)

A. 矿开采规程　　B. 开采顺序

C. 煤炭资源回采率　　D. 开采行规

2. 煤矿企业的安全生产管理，实行(　　)负责制。

A. 矿务局长　　B. 矿长

C. 班长　　D. 个人

（四）填空题

1. 对国民经济具有重要价值的特殊煤种或者稀缺煤种，国家实行____开采。
2. 国家鼓励煤矿企业进行复采或者开采____和____。
3. 采矿作业不得擅自开采保安煤柱，不得采用可能危及相邻煤矿生产安全的____、____、____等危险方法。

（五）简答题

简述煤矿企业工会有权提出批评、检举和控告的情形。

参考答案

（一）判断题

1. √，解析：根据《煤炭法》第20条规定："煤矿投入生产前，煤矿企业应当依照有关安全生产的法律、行政法规的规定取得安全生产许可证。未取得安全生产许可证的，不得从事煤炭生产。"
2. ×，解析：根据《煤炭法》第22条第2款规定："煤炭资源回采率由国务院煤炭管理部门根据不同的资源和开采条件确定。"
3. √，解析：根据《煤炭法》第33条规定："煤矿企业应当对职工进行安全生产教育、培训；未经安全生产教育、培训的，不得上岗作业。煤矿企业职工必须遵守有关安全生产的法律、法规、煤炭行业规章、规程和企业规章制度。"

（二）单项选择题

1. B，解析：根据《煤炭法》第20条规定："煤矿投入生产前，煤矿企业应当依照有关安全生产的法律、行政法规的规定取得安全生产许可证。未取得安全生产许可证的，不得从事煤炭生产。"
2. A，解析：根据《煤炭法》第25条规定："因开采煤炭压占土地或者造成地表土地塌陷、挖损，由采矿者负责进行复垦，恢复到可供利用的状态；

造成他人损失的，应当依法给予补偿。”

（三）多项选择题

1. ABC，解析：根据《煤炭法》第 22 条第 1 款规定：“开采煤炭资源必须符合煤矿开采规程，遵守合理的开采顺序，达到规定的煤炭资源回采率。”
2. AB，解析：根据《煤炭法》第 31 条：“煤矿企业的安全生产管理，实行矿务局长、矿长负责制。”

（四）填空题

1. 保护性。（《煤炭法》第 21 条）
2. 边角残煤；极薄煤。（《煤炭法》第 22 条第 3 款）
3. 决水；爆破、贯通巷道（《煤炭法》第 24 条第 2 款）

（五）简答题

答：根据《煤炭法》第 35 条规定：“煤矿企业工会发现企业行政方面违章指挥、强令职工冒险作业或者生产过程中发现明显重大事故隐患，可能危及职工生命安全的情况，有权提出解决问题的建议，煤矿企业行政方面必须及时作出处理决定。企业行政方面拒不处理的，工会有权提出批评、检举和控告。”

十、矿山安全法

（一）判断题

1. 国务院劳动行政主管部门对全国矿山安全工作实施统一监督。（ ）
2. 矿山企业必须对机电设备及其防护装置、安全检测仪器，定期检查、维修，保证使用安全。（ ）
3. 矿山企业可以录用16周岁以上的人从事矿山井下劳动。（ ）
4. 发生一般矿山事故，由矿山企业负责调查和处理。（ ）

（二）单项选择题

1. 矿山建设工程安全设施竣工后，由管理矿山企业的主管部门验收，并须有（ ）参加。

   A. 市场监督管理部门　　B. 劳动行政主管部门

   C. 监察执法部门　　D. 审计部门

2. 矿山企业的安全生产工作负责人为：（ ）

   A. 企业安全部门　　B. 矿长

   C. 工会负责人　　D. 企业监管部门

3. 矿山企业职工对危害安全的行为，无权作出下列哪一举措：（ ）

   A. 批评　　B. 检举

   C. 控告　　D. 罢工

（三）多项选择题

1. 必须符合矿山安全规程和行业技术规范的矿山设计项目有：（ ）

A. 供电系统

B. 提升、运输系统

C. 防水、排水系统和防火、灭火系统

D. 防瓦斯系统和防尘系统

2. 县级以上人民政府管理矿山企业的主管部门对矿山安全工作行使的管理职责有：（　　）

A. 检查矿山企业贯彻执行矿山安全法律、法规的情况

B. 审查批准矿山建设工程安全设施的设计

C. 负责矿山建设工程安全设施的竣工验收

D. 检查矿山企业职工安全教育、培训工作

3. 矿山企业主管人员可被追究刑事责任的行为有：（　　）

A. 违章指挥，因而发生重大伤亡事故

B. 强令工人冒险作业，因而发生重大伤亡事故

C. 恶意拖欠工人工资

D. 对矿山事故隐患不采取措施，因而发生重大伤亡事故

（四）填空题

1. 矿山必须有与外界相通的、符合安全要求的____和____设施。

2. 矿长应当定期向____或者____报告安全生产工作，发挥职工代表大会的监督作用。

3. 矿山企业安全工作人员必须具备必要的安全专业知识和____。

（五）简答题

简述矿山企业必须采取措施进行预防的危害安全的事故隐患类型。

参考答案

（一）判断题

1. √，解析：根据《矿山安全法》第4条第1款规定。
2. √，解析：根据《矿山安全法》第16条规定。
3. ×，解析：根据《矿山安全法》第29条规定，矿山企业不得录用未成年人从事矿山井下劳动。
4. √，解析：根据《矿山安全法》第37条第1款规定。

（二）单项选择题

1. B，解析：根据《矿山安全法》第12条规定，矿山建设工程必须按照管理矿山企业的主管部门批准的设计文件施工。矿山建设工程安全设施竣工后，由管理矿山企业的主管部门验收，并须有劳动行政主管部门参加；不符合矿山安全规程和行业技术规范的，不得验收，不得投入生产。B项正确。
2. B，解析：根据《矿山安全法》第20条规定，矿山企业必须建立、健全安全生产责任制。矿长对本企业的安全生产工作负责。B项正确。
3. D，解析：根据《矿山安全法》第22条规定，矿山企业职工有权对危害安全的行为，提出批评、检举和控告。D项符合题意，当选。

（三）多项选择题

1. ABCD，解析：根据《矿山安全法》第9条规定，矿山设计下列项目必须符合矿山安全规程和行业技术规范：（1）矿井的通风系统和供风量、风质、风速；（2）露天矿的边坡角和台阶的宽度、高度；（3）供电系统；（4）提升、运输系统；（5）防水、排水系统和防火、灭火系统；（6）防瓦斯系统和防尘系统；（7）有关矿山安全的其他项目。故A、B、C、D项正确。
2. ABC，解析：根据《矿山安全法》第34条规定，A、B、C正确。根据《矿山安全法》第33条第4项规定，县级以上各级人民政府劳动行政主管部门对矿山安全工作行使下列监督职责：……（4）检查矿山企业职工安全教育、培训工作；……D 项错误。

3. ABD，解析：根据《矿山安全法》第 46 条规定，矿山企业主管人员违章指挥、强令工人冒险作业，因而发生重大伤亡事故的，依照刑法有关规定追究刑事责任。根据《矿山安全法》第 47 条规定，矿山企业主管人员对矿山事故隐患不采取措施，因而发生重大伤亡事故的，依照刑法有关规定追究刑事责任。A、B、D 项正确。

（四）填空题

1. 运输；通讯。（《矿山安全法》第 11 条）
2. 职工代表大会；职工大会。（《矿山安全法》第 21 条）
3. 矿山安全工作经验。（《矿山安全法》第 27 条第 2 款）

（五）简答题

答：根据《矿山安全法》第 18 条的规定，矿山企业必须对下列危害安全的事故隐患采取预防措施：

（1）冒顶、片帮、边坡滑落和地表塌陷；

（2）瓦斯爆炸、煤尘爆炸；

（3）冲击地压、瓦斯突出、井喷；

（4）地面和井下的火灾、水害；

（5）爆破器材和爆破作业发生的危害；

（6）粉尘、有毒有害气体、放射性物质和其他有害物质引起的危害；

（7）其他危害。

十一、煤矿安全监察条例

（一）判断题

1. 煤矿安全监察机构，是指国家煤矿安全监察机构和在省、自治区、直辖市设立的煤矿安全监察机构及其在所有矿区设立的煤矿安全监察办事处。（　　）
2. 煤矿安全监察机构设煤矿安全监察员。（　　）
3. 煤矿安全监察人员履行安全监察职责，不经批准不能进入煤矿作业场所进行检查。（　　）

（二）单项选择题

1. 区煤矿安全监察机构、煤矿安全监察办事处应当每（　　）日分别向国家煤矿安全监察机构、地区煤矿安全监察机构报告一次煤矿安全监察情况。

A. 10　　B. 15

C. 20　　D. 25

2. 地区煤矿安全监察机构、煤矿安全监察办事处应当对煤矿实施（　　）。

A. 经常性安全检查　　B. 重点安全检查

C. 全面安全检查　　D. 重点安全抽查

（三）多项选择题

1. 煤矿安全监察应当依靠：（　　）

A. 人民群众　　B. 行业组织

C. 煤矿职工　　D. 工会组织

2. 煤矿建设工程(　　)，应当经煤矿安全监察机构对其安全设施和条件进行验收。

A. 竣工后　　B. 投产前

C. 运行中　　D. 改扩建时

（四）填空题

1. 煤矿安全监察应当以预防为主，及时发现和消除事故隐患，有效纠正影响煤矿安全的违法行为，实行____与____相结合、____与____相结合。
2. 煤矿安全监察机构发现煤矿进行____开采的，应当责令关闭。

（五）简答题

1. 简述煤矿作业场所有哪些情形时，被要求停止作业，限期改正。
2. 简述煤矿被要求限期改正的情形。

参考答案

（一）判断题

1. ×，解析：根据《煤矿安全监察条例》第 8 条规定："本条例所称煤矿安全监察机构，是指国家煤矿安全监察机构和在省、自治区、直辖市设立的煤矿安全监察机构（以下简称地区煤矿安全监察机构）及其在大中型矿区设立的煤矿安全监察办事处。
2. √，解析：根据《煤矿安全监察条例》第 10 条规定："煤矿安全监察机构设煤矿安全监察员。煤矿安全监察员应当公道、正派，熟悉煤矿安全法律、法规和规章，具有相应的专业知识和相关的工作经验，并经考试录用。煤矿安全监察员的具体管理办法由国家煤矿安全监察机构商国务院有关部门制定。"

3. ×，解析：根据《煤矿安全监察条例》第14条规定：“煤矿安全监察人员履行安全监察职责，有权随时进入煤矿作业场所进行检查，调阅有关资料，参加煤矿安全生产会议，向有关单位或者人员了解情况。

（二）单项选择题

1. B，解析：根据《煤矿安全监察条例》第13条规定：“地区煤矿安全监察机构、煤矿安全监察办事处应当每15日分别向国家煤矿安全监察机构、地区煤矿安全监察机构报告一次煤矿安全监察情况；有重大煤矿安全问题的，应当及时采取措施并随时报告。国家煤矿安全监察机构应当定期公布煤矿安全监察情况。”
2. A，解析：根据《煤矿安全监察条例》第11条规定：“地区煤矿安全监察机构、煤矿安全监察办事处应当对煤矿实施经常性安全检查；对事故多发地区的煤矿，应当实施重点安全检查。国家煤矿安全监察机构根据煤矿安全工作的实际情况，组织对全国煤矿的全面安全检查或者重点安全抽查。”

（三）多项选择题

1. CD，解析：根据《煤矿安全监察条例》第6条第1款规定：“煤矿安全监察应当依靠煤矿职工和工会组织。”
2. AB，解析：根据《煤矿安全监察条例》第22条规定：“煤矿建设工程竣工后或者投产前，应当经煤矿安全监察机构对其安全设施和条件进行验收；未经验收或者验收不合格的，不得投入生产。煤矿安全监察机构对煤矿建设工程安全设施和条件进行验收，应当自收到申请验收文件之日起30日内验收完毕，签署合格或者不合格的意见，并书面答复。”

（四）填空题

1. 安全监察；促进安全管理；教育；惩处。（《煤矿安全监察条例》第5条）
2. 独眼井。（《煤矿安全监察条例》第25条）

（五）简答题

1. 答：根据《煤矿安全监察条例》第26条规定，煤矿安全监察机构发现煤矿作业场所有下列情形之一的，应当责令立即停止作业，限期改正；有关煤矿或其作业场所经复查合格的，方可恢复作业：

（1）未使用专用防爆电器设备的；

（2）未使用专用放炮器的；

（3）未使用人员专用升降容器的；

（4）使用明火明电照明的。

2. 答：根据《煤矿安全监察条例》第 29 条规定，煤矿安全监察机构发现煤矿有下列情形之一的，应当责令限期改正：

（1）未依法建立安全生产责任制的；

（2）未设置安全生产机构或者配备安全生产人员的；

（3）矿长不具备安全专业知识的；

（4）特种作业人员未取得资格证书上岗作业的；

（5）分配职工上岗作业前，未进行安全教育、培训的；

（6）未向职工发放保障安全生产所需的劳动防护用品的。

十二、乡镇煤矿管理条例

（一）判断题

1. 乡镇煤矿，是指在乡（镇）、村开办的集体煤矿企业、私营煤矿企业以及除国有煤矿企业和外商投资煤矿企业以外的其他煤矿企业。（　　）
2. 煤炭资源属于全民所有。地表或者地下的煤炭资源的全民所有权，不因其所依附的土地的所有权或者使用权的不同而改变。（　　）
3. 乡镇煤矿开采煤炭资源，应当遵循开发与保护并重的原则，依法办矿，安全生产，文明生产。（　　）
4. 国家重点建设工程需要占用乡镇煤矿的生产井田时，占用单位应当按照国家有关规定给予合理补偿；对违法开办的乡镇煤矿，也可适当补偿。（　　）
5. 未取得安全生产许可证的乡镇煤矿，可以进行煤炭试生产。（　　）
6. 乡镇煤矿开采煤炭资源，应当采用合理的开采顺序和科学的采矿方法，提高资源回采率和综合利用率，防止资源的浪费。（　　）
7. 乡镇煤矿依照有关法律、法规的规定办理关闭矿山手续时，应当向原审查办矿条件煤炭工业主管部门提交有关采掘工程、不安全隐患等资料。（　　）
8. 县级以上人民政府农业农村行政主管部门负责对乡镇煤矿安全工作的监督，并有权对取得矿长资格证书的矿长进行抽查。（　　）
9. 违反本条例规定，未经煤炭工业主管部门审查同意，擅自开办乡镇煤矿的，由原审查办矿条件的煤炭工业主管部门，根据情节轻重，给予警告、5 万元以下的罚款、没收违法所得或者责令停产整顿。（　　）

（二）单项选择题

1. 乡镇煤矿开采煤炭资源，必须依照有关法律、法规的规定，申请领取(　　)。

   A. 采矿许可证和销售许可证

   B. 采矿许可证和运输许可证

   C. 开采许可证和安全生产许可证

   D. 采矿许可证和安全生产许可证

2. 乡镇煤矿在国有煤矿企业矿区范围内开采边缘零星资源，必须征得该国有煤矿企业同意，并经其上级主管部门(　　)。

   A. 批准　　B. 同意

   C. 许可　　D. 审批

3. (　　)以上人民政府负责管理煤炭工业的部门对矿长考核合格后，应当颁发矿长资格证书。

   A. 乡级　　B. 县级

   C. 市级　　D. 省级

4. 乡镇煤矿发生伤亡事故，应当按照有关法律、行政法规的规定，及时如实地向(　　)人民政府、煤炭工业主管部门及其他有关主管部门报告，并立即采取有效措施，做好救护工作。

   A. 乡级　　B. 县级

   C. 上一级　　D. 上级

（三）多项选择题

1. 国家(　　)乡镇煤矿的发展。

   A. 扶持　　B. 指导

   C. 帮助　　D. 鼓励

2. 乡镇煤矿应当按照(　　)的要求，建立、健全各级安全生产责任制和安全规章制度。

A. 国家有关矿山安全的法律　　B. 国家有关矿山安全的法规
C. 煤炭行业安全规程　　D. 煤炭行业技术规范

3. 乡镇煤矿应当及时测绘(　　)，并定期向原审查办矿条件的煤炭工业主管部门报送图纸，接受其监督、检查。
A. 井上下工程对照图　　B. 煤矿平面图
C. 采掘工程平面图　　D. 通风系统图

4. 违反本条例规定，未经国务院煤炭工业主管部门批准，(　　)，由国务院煤炭工业主管部门或者由其授权的省、自治区、直辖市人民政府煤炭工业主管部门，根据情节轻重，分别给予警告、5万元以下的罚款、没收违法所得或者责令停止开采。
A. 擅自进入国家规划煤炭矿区、对国民经济具有重要价值的煤炭矿区采矿的
B. 擅自开采国家规定实行保护性开采的稀缺煤种的
C. 擅自开采国有煤矿企业矿区范围内边缘零星资源的
D. 擅自开办乡镇煤矿的

(四) 填空题

1. 国家对煤炭资源的开发利用实行____、____的方针。
2. 县级以上地方人民政府应当加强对乡镇煤矿的管理，依法维护乡镇煤矿的____，保护乡镇煤矿的____；对发展乡镇煤矿作出显著成绩的单位和个人给予____。
3. 申请开办乡镇煤矿，其矿区范围跨2个____以上行政区域的，由其____人民政府负责管理煤炭工业的部门审查申请人的办矿条件。
4. 乡镇煤矿的____和办矿单位的____，应当加强对煤矿安全生产工作的领导，落实安全生产责任制，采取各种有效措施，防止生产事故的发生。
5. 乡镇煤矿进行采矿作业，不得采用可能____生产安全的____、爆破、贯通巷道等危险方法。

6. 违反法律、法规关于矿山安全的规定，造成____或者财产损失的，依照有关法律、法规的规定给予处罚。

（五）简答题

1. 简述煤炭工业行业管理的任务。
2. 简述乡镇煤矿不得开采的煤炭资源的范围。
3. 简述开办乡镇煤矿必须具备的条件。

参考答案

（一）判断题

1. √，解析：根据《乡镇煤矿管理条例》第 2 条规定。
2. ×，解析：根据《乡镇煤矿管理条例》第 3 条第 1 款规定，煤炭资源属于国家所有。地表或者地下的煤炭资源的国家所有权，不因其所依附的土地的所有权或者使用权的不同而改变。
3. √，解析：根据《乡镇煤矿管理条例》第 6 条规定。
4. ×，解析：根据《乡镇煤矿管理条例》第 11 条规定，国家重点建设工程需要占用乡镇煤矿的生产井田时，占用单位应当按照国家有关规定给予合理补偿；但是，对违法开办的乡镇煤矿，不予补偿。
5. ×，解析：根据《乡镇煤矿管理条例》第 14 条规定，乡镇煤矿建成投产前，应当按照国务院关于安全生产许可证管理的规定，申请领取安全生产许可证。未取得安全生产许可证的乡镇煤矿，不得进行煤炭生产。
6. √，解析：根据《乡镇煤矿管理条例》第 15 条规定。
7. ×，解析：根据《乡镇煤矿管理条例》第 23 条规定，乡镇煤矿依照有关法律、法规的规定办理关闭矿山手续时，应当向原审查办矿条件的煤炭工业主管部门提交有关采掘工程、不安全隐患等资料。
8. ×，解析：根据《乡镇煤矿管理条例》第 24 条规定，县级以上人民政府劳动行政主管部门负责对乡镇煤矿安全工作的监督，并有权对取得矿长资格证书的矿长进行抽查。

9. √，解析：根据《乡镇煤矿管理条例》第26条规定。

（二）单项选择题

1. D，解析：根据《乡镇煤矿管理条例》第4条规定，乡镇煤矿开采煤炭资源，必须依照有关法律、法规的规定，申请领取采矿许可证和安全生产许可证。
2. A，解析：根据《乡镇煤矿管理条例》第10条规定，乡镇煤矿在国有煤矿企业矿区范围内开采边缘零星资源，必须征得该国有煤矿企业同意，并经其上级主管部门批准。
3. B，解析：根据《乡镇煤矿管理条例》第19条规定，县级以上人民政府负责管理煤炭工业的部门对矿长考核合格后，应当颁发矿长资格证书。
4. C，解析：根据《乡镇煤矿管理条例》第20条规定，乡镇煤矿发生伤亡事故，应当按照有关法律、行政法规的规定，及时如实地向上一级人民政府、煤炭工业主管部门及其他有关主管部门报告，并立即采取有效措施，做好救护工作。

（三）多项选择题

1. ABC，解析：根据《乡镇煤矿管理条例》第5条第1款规定，国家扶持、指导和帮助乡镇煤矿的发展。
2. ABCD，解析：根据《乡镇煤矿管理条例》第17条规定，乡镇煤矿应当按照国家有关矿山安全的法律、法规和煤炭行业安全规程、技术规范的要求，建立、健全各级安全生产责任制和安全规章制度。
3. ACD，解析：根据《乡镇煤矿管理条例》第21条规定，乡镇煤矿应当及时测绘井上下工程对照图、采掘工程平面图和通风系统图，并定期向原审查办矿条件的煤炭工业主管部门报送图纸，接受其监督、检查。
4. AB，解析：根据《乡镇煤矿管理条例》第27条规定，违反本条例规定，有下列情形之一的，由国务院煤炭工业主管部门或者由其授权的省、自治区、直辖市人民政府煤炭工业主管部门，根据情节轻重，分别给予警告、5万元以下的罚款、没收违法所得或者责令停止开采：（1）未经国务院煤炭工业主管部门批准，擅自进入国家规划煤炭矿区、对国民经济具有重要价值的煤炭矿区采矿的，或者擅自开采国家规定实行保护性开采的稀缺煤种的；（2）未经国有煤矿企业的上级主管部门批准，擅自开采国有煤矿企业矿区范围内边缘零星资源的。

（四）填空题

1. 统一规划；合理布局。（《乡镇煤矿管理条例》第3条第2款）
2. 生产秩序；合法权益；奖励。（《乡镇煤矿管理条例》第5条第2款）
3. 县级；共同的上一级。（《乡镇煤矿管理条例》第13条）
4. 矿长；主要负责人。（《乡镇煤矿管理条例》第18条）
5. 危及相邻煤矿；决水。（《乡镇煤矿管理条例》第22条）
6. 人身伤亡。（《乡镇煤矿管理条例》第25条）

（五）简答题

1. 答：根据《乡镇煤矿管理条例》第7条规定，煤炭工业行业管理的任务是统筹规划、组织协调、提供服务、监督检查。
2. 答：根据《乡镇煤矿管理条例》第9条规定，未经国务院煤炭工业主管部门批准，乡镇煤矿不得开采下列煤炭资源：

（1）国家规划煤炭矿区；

（2）对国民经济具有重要价值的煤炭矿区；

（3）国家规定实行保护性开采的稀缺煤种；

（4）重要河流、堤坝和大型水利工程设施下的保安煤柱；

（5）铁路、重要公路和桥梁下的保安煤柱；

（6）重要工业区、重要工程设施、机场、国防工程设施下的保安煤柱；

（7）不能移动的国家重点保护的历史文物、名胜古迹和国家划定的自然保护区、重要风景区下的保安煤柱；

（8）正在建设或者正在开采的矿井的保安煤柱。

3. 答：根据《乡镇煤矿管理条例》第12条规定，开办乡镇煤矿，必须具备下列条件：

（1）符合国家煤炭工业发展规划；

（2）有经依法批准可供开采的、无争议的煤炭资源；

（3）有与所建矿井生产规模相适应的资金、技术装备和技术人才；

（4）有经过批准的采矿设计或者开采方案；

（5）有符合国家规定的安全生产措施和环境保护措施；

（6）办矿负责人经过技术培训，并持有矿长资格证书；

（7）法律、法规规定的其他条件。

十三、核安全法

（一）判断题

1. 任何单位和个人不得危害核设施、核材料安全。（　　）
2. 国家建立核设施安全审批制度。（　　）

（二）单选题

1. （　　）负责核安全的监督管理。

A. 国务院核工业主管部门　　B. 国务院核安全监督管理部门

C. 国务院能源主管部门　　D. 省级核安全监督管理部门

2. 核设施建造许可证的有效期不得超过（　　）年。

A. 3　　B. 5

C. 10　　D. 15

（三）多选题

1. 核设施营运单位应当具备保障核设施安全运行的能力，并符合哪些条件？（　　）

A. 有满足核安全要求的组织管理体系和质量保证、安全管理、岗位责任等制度

B. 有规定数量、合格的专业技术人员和管理人员

C. 具备与核设施安全相适应的安全评价、资源配置和财务能力

D. 具备必要的核安全技术支撑和持续改进能力

2. 核设施退役前，核设施营运单位应当向国务院核安全监督管理部门提出退役申请，并提交哪些材料？（　　）

A. 核设施退役申请书　　B. 安全分析报告

C. 环境影响评价文件　　D. 质量保证文件

（四）填空题

1. 核安全工作必须坚持____、____、____、____、____、____、____的原则。

2. 放射性废物应当实行____处置。

（五）简答题

1. 简述核设施的范围。

2. 简述核材料的范围。

参考答案

（一）判断题

1. √，解析：根据《核安全法》第 11 条规定。

2. ×，解析：根据《核安全法》第 22 条规定："国家建立核设施安全许可制度。核设施营运单位进行核设施选址、建造、运行、退役等活动，应当向国务院核安全监督管理部门申请许可。核设施营运单位要求变更许可文件规定条件的，应当报国务院核安全监督管理部门批准。"

（二）单选题

1. B，解析：根据《核安全法》第 6 条规定："国务院核安全监督管理部门负责核安全的监督管理。国务院核工业主管部门、能源主管部门和其他有关部门在各自职责范围内负责有关的核安全管理工作。国家建立核安全工作协调机制，统筹协调有关部门推进相关工作。"

2. C，解析：根据《核安全法》第 26 条第 2 款规定："核设施建造许可证的有效期不得超过十年。有效期届满，需要延期建造的，应当报国务院核安全监督管理部门审查批准。”

（三）多选题

1. ABCD，解析：根据《核安全法》第 15 条规定：“核设施营运单位应当具备保障核设施安全运行的能力，并符合下列条件：（一）有满足核安全要求的组织管理体系和质量保证、安全管理、岗位责任等制度；（二）有规定数量、合格的专业技术人员和管理人员；（三）具备与核设施安全相适应的安全评价、资源配置和财务能力；（四）具备必要的核安全技术支撑和持续改进能力；（五）具备应急响应能力和核损害赔偿财务保障能力；（六）法律、行政法规规定的其他条件。”
2. ABCD，解析：根据《核安全法》第 30 条第 1 款规定：“核设施退役前，核设施营运单位应当向国务院核安全监督管理部门提出退役申请，并提交下列材料（一）核设施退役申请书；（二）安全分析报告；（三）环境影响评价文件；（四）质量保证文件；（五）法律、行政法规规定的其他材料。”

（四）填空题

1. 安全第一；预防为主；责任明确；严格管理；纵深防御；独立监管；全面保障。（《核安全法》第 4 条第 2 款）
2. 分类。（《核安全法》第 40 条第 1 款）

（五）简答题

1. 答：根据《核安全法》第 2 条第 2 款规定：“核设施，是指：（一）核电厂、核热电厂、核供汽供热厂等核动力厂及装置；（二）核动力厂以外的研究堆、实验堆、临界装置等其他反应堆；（三）核燃料生产、加工、贮存和后处理设施等核燃料循环设施；（四）放射性废物的处理、贮存、处置设施。”
2. 答：根据《核安全法》第 2 条第 3 款规定：“核材料，是指：（一）铀－235 材料及其制品；（二）铀－233 材料及其制品；（三）钚－239 材料及其制品；（四）法律、行政法规规定的其他需要管制的核材料。”

十四、民用核安全设备监督管理条例

（一）判断题

1. 禁止无许可证擅自从事或者不按照许可证规定的活动种类和范围从事民用核安全设备设计、制造、安装和无损检验活动。（　　）
2. 民用核安全设备设计、制造、安装和无损检验单位，可以将国务院核安全监管部门确定的关键工艺环节分包给其他单位。（　　）

（二）单选题

1. 民用核安全设备设计、制造、安装和无损检验许可证有效期为（　　）年。

   A. 1　　B. 3
   C. 5　　D. 10

2. 民用核安全设备监督检查人员（　　）从事或者参与民用核安全设备经营活动。

   A. 不得　　B. 可以
   C. 允许　　D. 禁止

（三）多选题

1. 民用核安全设备的哪些活动应当符合国家有关产业政策？（　　）

   A. 设计　　B. 制造
   C. 安装　　D. 无损检验

2. 民用核安全设备标准包括哪些？（　　）

A. 国际标准　　B. 国家标准

C. 行业标准　　D. 企业标准

3. 民用核安全设备设计、制造、安装和无损检验许可证应当载明哪些内容？（　　）

A. 单位名称、地址和法定代表人

B. 准予从事的活动种类和范围

C. 有效期限

D. 发证机关、发证日期和证书编号

（四）填空题

1. 民用核安全设备，是指在民用核设施中使用的执行核安全功能的设备，包括____和____。

2. 进口的民用核安全设备在安全检验合格后，由____进行商品检验。

（五）简答题

简述申请领取民用核安全设备设计、制造、安装或者无损检验许可证的单位，应当具备的条件。

参考答案

（一）判断题

1. √，解析：根据《民用核安全设备监督管理条例》第19条第1款规定。

2. ×，解析：根据《民用核安全设备监督管理条例》第24条规定："民用核安全设备设计、制造、安装和无损检验单位，不得将国务院核安全监管部门确定的关键工艺环节分包给其他单位。"

（二）单选题

1. C，解析：根据《民用核安全设备监督管理条例》第18条第1款规定：

“民用核安全设备设计、制造、安装和无损检验许可证有效期为5年。”

2. A，解析：根据《民用核安全设备监督管理条例》第40条第3款规定：“民用核安全设备监督检查人员不得从事或者参与民用核安全设备经营活动。”

（三）多选题

1. ABCD，解析：根据《民用核安全设备监督管理条例》第6条规定：“民用核安全设备设计、制造、安装和无损检验活动应当符合国家有关产业政策。国家鼓励民用核安全设备设计、制造、安装和无损检验的科学技术研究，提高安全水平。”
2. BCD，解析：根据《民用核安全设备监督管理条例》第9条规定：“国家建立健全民用核安全设备标准体系。制定民用核安全设备标准，应当充分考虑民用核安全设备的技术发展和使用要求，结合我国的工业基础和技术水平，做到安全可靠、技术成熟、经济合理。民用核安全设备标准包括国家标准、行业标准和企业标准。”
3. ABCD，解析：根据《民用核安全设备监督管理条例》第16条规定：“民用核安全设备设计、制造、安装和无损检验许可证应当载明下列内容：（一）单位名称、地址和法定代表人；（二）准予从事的活动种类和范围；（三）有效期限；（四）发证机关、发证日期和证书编号。”

（四）填空题

1. 安全机械设备；核安全电气设备。（《民用核安全设备监督管理条例》第2条第1款）
2. 海关。（《民用核安全设备监督管理条例》第33条第2款）

（五）简答题

答：根据《民用核安全设备监督管理条例》第13条规定：“申请领取民用核安全设备设计、制造、安装或者无损检验许可证的单位，应当具备下列条件：（一）具有法人资格；（二）有与拟从事活动相关或者相近的工作业绩，并且满5年以上；（三）有与拟从事活动相适应的、经考核合格的专业技术人员，其中从事民用核安全设备焊接和无损检验活动的专业技术人员应当取得相应的资格证书；（四）有与拟从事活动相适应的工作场所、设施和装备；（五）有健全的管理制度和完善的质量保证体系，以及符合核安全监督管理规定的质量保证大纲。申请领取民用核安全设备制造许可证或者安装许可证的单位，还应当制作有代表性的模拟件。”

十五、特种设备安全法

（一）判断题

1. 国家鼓励投保特种设备安全责任保险。(　　)
2. 国家建立缺陷特种设备召回制度。因生产原因造成特种设备存在危及安全的同一性缺陷的，特种设备生产单位应当立即停止生产，无须主动召回。(　　)

（二）单选题

1. 特种设备安装、改造、修理竣工后，安装、改造、修理的施工单位应当在验收后(　　)日内将相关技术资料和文件移交特种设备使用单位。

A. 10　　B. 20

C. 30　　D. 40

2. 特种设备使用单位应当按照安全技术规范的要求，在检验合格有效期届满前(　　)个月向特种设备检验机构提出定期检验要求。

A. 1　　B. 2

C. 3　　D. 4

（三）多选题

1. 国家对特种设备的(　　)实施分类的、全过程的安全监督管理。

A. 生产　　B. 经营

C. 使用　　D. 买卖

2. 以下哪些设施的设计文件，应当经负责特种设备安全监督管理的部门核准的检验机构鉴定，方可用于制造？（　　）

A. 锅炉　　B. 气瓶

C. 氧舱　　D. 客运索道

（四）填空题

1. 特种设备安全工作应当坚持____、____、____、____的原则。
2. 事故调查组应当____、____、____开展调查，提出事故调查报告。

（五）简答题

简述特种设备使用单位的安全技术档案应当记录的内容。

参考答案

（一）判断题

1. √，解析：根据《特种设备安全法》第 17 条规定。
2. ×，解析：根据《特种设备安全法》第 26 条第 1 款规定："国家建立缺陷特种设备召回制度。因生产原因造成特种设备存在危及安全的同一性缺陷的，特种设备生产单位应当立即停止生产，主动召回。"

（二）单选题

1. C，解析：根据《特种设备安全法》第 24 条规定："特种设备安装、改造、修理竣工后，安装、改造、修理的施工单位应当在验收后三十日内将相关技术资料和文件移交特种设备使用单位。特种设备使用单位应当将其存入该特种设备的安全技术档案。"
2. A，解析：根据《特种设备安全法》第 40 条第 1 款规定："特种设备使用单位应当按照安全技术规范的要求，在检验合格有效期届满前一个月向特种设备检验机构提出定期检验要求。"

（三）多选题

1. ABC，解析：根据《特种设备安全法》第 4 条规定："国家对特种设备的生产、经营、使用，实施分类的、全过程的安全监督管理。”

2. ABCD，解析：根据《特种设备安全法》第20条第1款规定：“锅炉、气瓶、氧舱、客运索道、大型游乐设施的设计文件，应当经负责特种设备安全监督管理的部门核准的检验机构鉴定，方可用于制造。”

（四）填空题

1. 安全第一；预防为主；节能环保；综合治理。（《特种设备安全法》第3条）
2. 依法；独立；公正。（《特种设备安全法》第72条第5款）

（五）简答题

答：根据《特种设备安全法》第35条规定：“特种设备使用单位应当建立特种设备安全技术档案。安全技术档案应当包括以下内容：（一）特种设备的设计文件、产品质量合格证明、安装及使用维护保养说明、监督检验证明等相关技术资料和文件；（二）特种设备的定期检验和定期自行检查记录；（三）特种设备的日常使用状况记录；（四）特种设备及其附属仪器仪表的维护保养记录；（五）特种设备的运行故障和事故记录。”

十六、特种设备安全监察条例

（一）判断题

特种设备是指涉及生命安全、危险性较大的锅炉、压力容器（含气瓶，下同）、压力管道、电梯、起重机械、客运索道、大型游乐设施和场（厂）内专用机动车辆。（　　）

（二）单选题

特别重大事故由（　　）组织事故调查组进行调查。

A. 国务院或者国务院授权有关部门

B. 国务院特种设备安全监督管理部门会同有关部门

C. 省、自治区、直辖市特种设备安全监督管理部门会同有关部门

D. 设区的市的特种设备安全监督管理部门会同有关部门

（三）多选题

公布特种设备安全以及能效状况，应当包括下列哪些内容？（　　）

A. 特种设备质量安全状况

B. 特种设备事故的情况、特点、原因分析、防范对策

C. 特种设备能效状况

D. 其他需要公布的情况

（四）填空题

特种设备生产、使用单位应当建立健全特种设备____、____管理制度和岗位安全、节能责任制度。

（五）简答题

简述特种设备检验检测机构应当具备的条件。

参考答案

（一）判断题

√，解析：根据《特种设备安全监察条例》第 2 条第 1 款规定。

（二）单选题

A，解析：根据《特种设备安全监察条例》第 67 条规定："特别重大事故由国务院或者国务院授权有关部门组织事故调查组进行调查。重大事故由国务院特种设备安全监督管理部门会同有关部门组织事故调查组进行调查。较大事故由省、自治区、直辖市特种设备安全监督管理部门会同有关部门组织事故调查组进行调查。一般事故由设区的市的特种设备安全监督管理部门会同有关部门组织事故调查组进行调查。"

（三）多选题

ABCD，解析：根据《特种设备安全监察条例》第 60 条规定："国务院特种设备安全监督管理部门和省、自治区、直辖市特种设备安全监督管理部门应当定期向社会公布特种设备安全以及能效状况。公布特种设备安全以及能效状况，应当包括下列内容：（一）特种设备质量安全状况；（二）特种设备事故的情况、特点、原因分析、防范对策；（三）特种设备能效状况；（四）其他需要公布的情况。"

（四）填空题

安全；节能。（《特种设备安全监察条例》第 5 条第 1 款）

（五）简答题

答：根据《特种设备安全监察条例》第 42 条规定："特种设备检验检测机构，应当具备下列条件：（一）有与所从事的检验检测工作相适应的检验检测人员；（二）有与所从事的检验检测工作相适应的检验检测仪器和设备；（三）有健全的检验检测管理制度、检验检测责任制度。"

十七、职业病防治法

（一）判断题

1. 劳动者依法享有职业卫生保护的权利。(　　)
2. 用人单位的工会负责人对本单位的职业病防治工作负主要责任。(　　)
3. 建设项目的职业病防护设施所需费用应当纳入建设项目工程预算，并与主体工程同时设计，同时施工，同时投入生产和使用。(　　)
4. 任何单位和个人不得生产、经营、进口和使用国家明令禁止使用的可能产生职业病危害的设备或者材料。(　　)
5. 承担职业病诊断的医疗卫生机构不得拒绝劳动者进行职业病诊断的要求。(　　)

（二）单项选择题

1. 用人单位必须依法参加哪类保险？(　　)

A. 工伤　　B. 医疗

C. 生育　　D. 失业

2. 用人单位实施的职业病危害因素日常监测应当由(　　)，并确保监测系统处于正常运行状态。

A. 专人负责　　B. 领导负责

C. 工会负责　　D. 职工选举代表负责

3. 没有证据否定职业病危害因素与病人临床表现之间的必然联系的，应当如何处理？(　　)

A. 诊断为职业病
B. 诊断为非职业病
C. 另行就诊
D. 专家会诊后诊断

4. 职业病诊断、鉴定机构需要了解工作场所职业病危害因素情况时，可以对工作场所进行现场调查，也可以向卫生行政部门提出，卫生行政部门应当在(　　)日内组织现场调查。用人单位不得拒绝、阻挠。

A. 3
B. 5
C. 10
D. 15

5. 用人单位对仲裁裁决不服的，可以在职业病诊断、鉴定程序结束之日起 15 日内依法向人民法院提起诉讼；诉讼期间，劳动者的治疗费用应当如何支付？(　　)

A. 用人单位按工资支付
B. 社会保险机构支付
C. 劳动者自行承担
D. 按照职业病待遇规定的途径支付

(三) 多项选择题

1. 职业病防治工作坚持下列哪些方针？(　　)

A. 预防为主
B. 防治结合
C. 应收尽收
D. 应治尽治

2. 产生职业病危害的用人单位的设立除应当符合法律、行政法规规定的设立条件外，其工作场所还应当符合下列哪些职业卫生要求？(　　)

A. 有与职业病危害防护相适应的设施
B. 生产布局合理，符合有害与无害作业分开的原则
C. 有配套的更衣间、洗浴间、孕妇休息间等卫生设施
D. 设备、工具、用具等设施符合保护劳动者生理、心理健康的要求

3. 用人单位与劳动者订立劳动合同（含聘用合同，下同）时，应当将下列哪些内容如实告知劳动者？(　　)

A. 工作过程中可能产生的职业病危害及其后果
B. 职业病防护措施

C. 待遇

D. 职业病治疗方法

4. 劳动者享有下列哪些职业卫生保护权利？（　　）

A. 获得职业健康检查、职业病诊疗、康复等职业病防治服务

B. 了解工作场所产生或者可能产生的职业病危害因素、危害后果和应当采取的职业病防护措施

C. 要求用人单位提供符合防治职业病要求的职业病防护设施和个人使用的职业病防护用品，改善工作条件

D. 对违反职业病防治法律、法规以及危及生命健康的行为提出批评、检举和控告

5. 关于职业病诊断鉴定委员会，下列说法正确的是：（　　）

A. 由相关专业的专家组成

B. 应当按照国务院卫生行政部门颁布的职业病诊断标准和职业病诊断、鉴定办法进行职业病诊断鉴定，向当事人出具职业病诊断鉴定书

C. 组成人员应当遵守职业道德，客观、公正地进行诊断鉴定，并承担相应的责任

D. 需要对职业病争议作出诊断鉴定时，由当事人或者当事人委托有关卫生行政部门从专家库中以随机抽取的方式确定参加诊断鉴定委员会的专家

（四）填空题

1. 用人单位必须采用有效的职业病防护设施，并为劳动者提供个人使用的____。

2. 国内首次____或者首次____与职业病危害有关的化学材料，使用单位或者进口单位按照国家规定经国务院有关部门批准后，应当向____报送该化学材料的毒性鉴定以及经有关部门登记注册或者批准进口的文件等资料。

3. 用人单位应当为劳动者建立____档案，并按照规定的期限妥善保存。
4. ____负责本行政区域内的职业病统计报告的管理工作，并按照规定上报。
5. 疑似职业病病人在诊断、医学观察期间的费用，由____承担。

（五）简答题

简述用人单位应当采取的职业病防治管理措施。

参考答案

（一）判断题

1. √，解析：根据《职业病防治法》第4条第1款规定。
2. ×，解析：根据《职业病防治法》第6条规定，用人单位的主要负责人对本单位的职业病防治工作全面负责。
3. √，解析：根据《职业病防治法》第18条第1款规定。
4. √，解析：根据《职业病防治法》第30条规定。
5. √，解析：根据《职业病防治法》第43条第3款规定。

（二）单项选择题

1. A，解析：根据《职业病防治法》第7条规定，用人单位必须依法参加工伤保险。国务院和县级以上地方人民政府劳动保障行政部门应当加强对工伤保险的监督管理，确保劳动者依法享受工伤保险待遇。A项正确。
2. A，解析：根据《职业病防治法》第26条第1款规定，用人单位应当实施由专人负责的职业病危害因素日常监测，并确保监测系统处于正常运行状态。A项正确。
3. A，解析：根据《职业病防治法》第46条第2款规定，没有证据否定职业病危害因素与病人临床表现之间的必然联系的，应当诊断为职业病。A项正确。

4. C，解析：根据《职业病防治法》第47条第2款规定，职业病诊断、鉴定机构需要了解工作场所职业病危害因素情况时，可以对工作场所进行现场调查，也可以向卫生行政部门提出，卫生行政部门应当在10日内组织现场调查。用人单位不得拒绝、阻挠。C项正确。
5. D，解析：根据《职业病防治法》第49条第4款规定，用人单位对仲裁裁决不服的，可以在职业病诊断、鉴定程序结束之日起15日内依法向人民法院提起诉讼；诉讼期间，劳动者的治疗费用按照职业病待遇规定的途径支付。D项正确。

（三）多项选择题

1. AB，解析：根据《职业病防治法》第3条规定，职业病防治工作坚持预防为主、防治结合的方针，建立用人单位负责、行政机关监管、行业自律、职工参与和社会监督的机制，实行分类管理、综合治理。故A、B项正确。
2. ABCD，解析：根据《职业病防治法》第15条规定，产生职业病危害的用人单位的设立除应当符合法律、行政法规规定的设立条件外，其工作场所还应当符合下列职业卫生要求：（1）职业病危害因素的强度或者浓度符合国家职业卫生标准；（2）有与职业病危害防护相适应的设施；（3）生产布局合理，符合有害与无害作业分开的原则；（4）有配套的更衣间、洗浴间、孕妇休息间等卫生设施；（5）设备、工具、用具等设施符合保护劳动者生理、心理健康的要求；（6）法律、行政法规和国务院卫生行政部门关于保护劳动者健康的其他要求。故A、B、C、D项正确。
3. ABC，解析：根据《职业病防治法》第33条规定，用人单位与劳动者订立劳动合同（含聘用合同，下同）时，应当将工作过程中可能产生的职业病危害及其后果、职业病防护措施和待遇等如实告知劳动者，并在劳动合同中写明，不得隐瞒或者欺骗。劳动者在已订立劳动合同期间因工作岗位或者工作内容变更，从事与所订立劳动合同中未告知的存在职业病危害的作业时，用人单位应当依照前款规定，向劳动者履行如实告知的义务，并协商变更原劳动合同相关条款。用人单位违反前两款规定的，劳动者有权拒绝从事存在职业病危害的作业，用人单位不得因此解除与劳动者所订立的劳动合同。故 A、B、C 项正确。

4. ABCD，解析：根据《职业病防治法》第 39 条规定，劳动者享有下列职业卫生保护权利：（1）获得职业卫生教育、培训；（2）获得职业健康检查、职业病诊疗、康复等职业病防治服务；（3）了解工作场所产生或者可能产生的职业病危害因素、危害后果和应当采取的职业病防护措施；（4）要求用人单位提供符合防治职业病要求的职业病防护设施和个人使用的职业病防护用品，改善工作条件；（5）对违反职业病防治法律、法规以及危及生命健康的行为提出批评、检举和控告；（6）拒绝违章指挥和强令进行没有职业病防护措施的作业；（7）参与用人单位职业卫生工作的民主管理，对职业病防治工作提出意见和建议。用人单位应当保障劳动者行使前款所列权利。因劳动者依法行使正当权利而降低其工资、福利等待遇或者解除、终止与其订立的劳动合同的，其行为无效。故 A、B、C、D 项正确。

5. ABCD，解析：根据《职业病防治法》第 53 条规定，职业病诊断鉴定委员会由相关专业的专家组成。省、自治区、直辖市人民政府卫生行政部门应当设立相关的专家库，需要对职业病争议作出诊断鉴定时，由当事人或者当事人委托有关卫生行政部门从专家库中以随机抽取的方式确定参加诊断鉴定委员会的专家。职业病诊断鉴定委员会应当按照国务院卫生行政部门颁布的职业病诊断标准和职业病诊断、鉴定办法进行职业病诊断鉴定，向当事人出具职业病诊断鉴定书。职业病诊断、鉴定费用由用人单位承担。故 A、B、D 项正确。根据《职业病防治法》第 54 条第 1 款规定，职业病诊断鉴定委员会组成人员应当遵守职业道德，客观、公正地进行诊断鉴定，并承担相应的责任。职业病诊断鉴定委员会组成人员不得私下接触当事人，不得收受当事人的财物或者其他好处，与当事人有利害关系的，应当回避。C 项正确。

（四）填空题

1. 职业病防护用品。（《职业病防治法》第 22 条第 1 款）
2. 使用；进口；国务院卫生行政部门。（《职业病防治法》第 29 条第 2 款）
3. 职业健康监护。（《职业病防治法》第 36 条第 1 款）
4. 县级以上地方人民政府卫生行政部门。（《职业病防治法》第 51 条）
5. 用人单位。（《职业病防治法》第 55 条第 3 款）

（五）简答题

答：根据《职业病防治法》第 20 条的规定，用人单位应当采取下列职业病防治管理措施：

（1）设置或者指定职业卫生管理机构或者组织，配备专职或者兼职的职业卫生管理人员，负责本单位的职业病防治工作；

（2）制定职业病防治计划和实施方案；

（3）建立、健全职业卫生管理制度和操作规程；

（4）建立、健全职业卫生档案和劳动者健康监护档案；

（5）建立、健全工作场所职业病危害因素监测及评价制度；

（6）建立、健全职业病危害事故应急救援预案。

十八、劳动法

（一）判断题

1. 劳动者就业，不因民族、种族、性别、宗教信仰不同而受歧视。（　　）
2. 工资分配应当遵循按劳分配原则，实行区别待遇。（　　）
3. 女职工生育享受不少于120天的产假。（　　）
4. 国家对女职工和未成年工实行特殊劳动保护。（　　）
5. 用人单位招用尚未解除劳动合同的劳动者，对原用人单位造成经济损失的，该用人单位应当依法承担补充赔偿责任。（　　）

（二）单项选择题

1. 用人单位濒临破产进行法定整顿期间或者生产经营状况发生严重困难，确需裁减人员的，应当提前（　　）天向工会或者全体职工说明情况，听取工会或者职工的意见，经向劳动行政部门报告后，可以裁减人员。

A. 45　　B. 30

C. 15　　D. 7

2. 用人单位应当保证劳动者每周至少休息（　　）日。

A. 1　　B. 2

C. 2.5　　D. 3

3. 安排劳动者延长工作时间的，用人单位应当支付工资报酬的数额不低于工资的（　　）。

A. 150%　　B. 200%

C. 300%　　D. 250%

4. 对怀孕(　　)个月以上的女职工，不得安排其延长工作时间和夜班劳动。

A. 6　　B. 7

C. 8　　D. 9

5. 劳动争议当事人对仲裁裁决不服的，可以自收到仲裁裁决书之日起(　　)日内向人民法院提起诉讼。

A. 5　　B. 10

C. 15　　D. 30

(三) 多项选择题

1. 劳动者享有的权利有：(　　)

A. 平等就业和选择职业　　B. 取得劳动报酬

C. 休息休假　　D. 获得劳动安全卫生保护

2. 劳动合同应当包括以下哪些条款：(　　)

A. 劳动合同期限　　B. 工作内容

C. 劳动保护和劳动条件　　D. 劳动报酬

3. 劳动合同期限有以下哪几种：(　　)

A. 固定期限　　B. 无固定期限

C. 以完成一定的工作为期限　　D. 不定时期限

4. 有下列哪些情形，劳动者可以随时通知用人单位解除劳动合同：(　　)

A. 在试用期内的

B. 失去劳动能力的

C. 用人单位以暴力、威胁或者非法限制人身自由的手段强迫劳动的

D. 用人单位未按照劳动合同约定支付劳动报酬或者提供劳动条件的

5. 确定和调整最低工资标准应当综合参考的因素有：（　　）

A. 社会平均工资水平　　B. 劳动生产率

C. 就业状况　　D. 地区之间经济发展水平的差异

（四）填空题

1. 禁止用人单位招用未满____周岁的未成年人。
2. 劳动合同应当以____形式订立。
3. 国家实行劳动者每日工作时间不超过____、平均每周工作时间不超过____的工时制度。
4. 劳动者连续工作____以上的，享受带薪年休假。
5. 工资应当以____形式____支付给劳动者本人。不得克扣或者无故拖欠劳动者的工资。

（五）简答题

简述解除劳动合同需要支付经济补偿金的情形。

参考答案

（一）判断题

1. √，解析：根据《劳动法》第12条规定。
2. ×，解析：根据《劳动法》第46条第1款规定，工资分配应当遵循按劳分配原则，实行同工同酬。
3. ×，解析：根据《劳动法》第62条规定，女职工生育享受不少于90天的产假。
4. √，解析：根据《劳动法》第58条第1款规定。
5. ×，解析：根据《劳动法》第99条规定，用人单位招用尚未解除劳动合同的劳动者，对原用人单位造成经济损失的，该用人单位应当依法承担连带赔偿责任。

（二）单项选择题

1. B，解析：根据《劳动法》第 27 条第 1 款规定，用人单位濒临破产进行法定整顿期间或者生产经营状况发生严重困难，确需裁减人员的，应当提前 30 日向工会或者全体职工说明情况，听取工会或者职工的意见，经向劳动行政部门报告后，可以裁减人员。B 项正确。
2. A，解析：根据《劳动法》第 38 条规定，用人单位应当保证劳动者每周至少休息 1 日。A 项正确。
3. A，解析：根据《劳动法》第 44 条规定，有下列情形之一的，用人单位应当按照下列标准支付高于劳动者正常工作时间工资的工资报酬：（1）安排劳动者延长工作时间的，支付不低于工资的 150% 的工资报酬；（2）休息日安排劳动者工作又不能安排补休的，支付不低于工资的 200% 的工资报酬；（3）法定休假日安排劳动者工作的，支付不低于工资的 300% 的工资报酬。A 项正确。
4. B，解析：根据《劳动法》第 61 条规定，不得安排女职工在怀孕期间从事国家规定的第三级体力劳动强度的劳动和孕期禁忌从事的劳动。对怀孕 7 个月以上的女职工，不得安排其延长工作时间和夜班劳动。B 项正确。
5. C，解析：根据《劳动法》第 83 条规定，劳动争议当事人对仲裁裁决不服的，可以自收到仲裁裁决书之日起 15 日内向人民法院提起诉讼。一方当事人在法定期限内不起诉又不履行仲裁裁决的，另一方当事人可以申请人民法院强制执行。C 项正确。

（三）多项选择题

1. ABCD，解析：根据《劳动法》第 3 条第 1 款规定，劳动者享有平等就业和选择职业的权利、取得劳动报酬的权利、休息休假的权利、获得劳动安全卫生保护的权利、接受职业技能培训的权利、享受社会保险和福利的权利、提请劳动争议处理的权利以及法律规定的其他劳动权利。A、B、C、D 项正确。
2. ABCD，解析：根据《劳动法》第 19 条第 1 款规定，劳动合同应当以书面形式订立，并具备以下条款：（1）劳动合同期限；（2）工作内容；（3）劳动保护和劳动条件；（4）劳动报酬；（5）劳动纪律；（6）劳动合同终止的条件；（7）违反劳动合同的责任。A、B、C、D项正确。

3. ABC，解析：根据《劳动法》第20条第1款规定，劳动合同的期限分为有固定期限、无固定期限和以完成一定的工作为期限。A、B、C项正确。

4. ACD，解析：根据《劳动法》第32条规定，有下列情形之一的，劳动者可以随时通知用人单位解除劳动合同：（1）在试用期内的；（2）用人单位以暴力、威胁或者非法限制人身自由的手段强迫劳动的；（3）用人单位未按照劳动合同约定支付劳动报酬或者提供劳动条件的。A、C、D项正确。

5. ABCD，解析：根据《劳动法》第49条规定，确定和调整最低工资标准应当综合参考下列因素：（1）劳动者本人及平均赡养人口的最低生活费用；（2）社会平均工资水平；（3）劳动生产率；（4）就业状况；（5）地区之间经济发展水平的差异。A、B、C、D项正确。

（四）填空题

1. 16。（《劳动法》第15条第1款）
2. 书面。（《劳动法》第19条第1款）
3. 8小时；44小时。（《劳动法》第36条）
4. 1年。（《劳动法》第45条第2款）
5. 货币；按月。（《劳动法》第50条）

（五）简答题

答：根据《劳动法》第28条规定，用人单位依据本法第24条、第26条、第27条的规定解除劳动合同的，应当依照国家有关规定给予经济补偿：

（1）根据《劳动法》第24条的规定，经劳动合同当事人协商一致，劳动合同可以解除。

（2）根据《劳动法》第 26 条规定，有下列情形之一的，用人单位可以解除劳动合同，但是应当提前 30 日以书面形式通知劳动者本人：①劳动者患病或者非因工负伤，医疗期满后，不能从事原工作也不能从事由用人单位另行安排的工作的；②劳动者不能胜任工作，经过培训或者调整工作岗位，仍不能胜任工作的；③劳动合同订立时所依据的客观情况发生重大变化，致使原劳动合同无法履行，经当事人协商不能就变更劳动合同达成协议的。

（3）根据《劳动法》第 27 条第 1 款规定，用人单位濒临破产进行法定整顿期间或者生产经营状况发生严重困难，确需裁减人员的，应当提前 30 日向工会或者全体职工说明情况，听取工会或者职工的意见，经向劳动行政部门报告后，可以裁减人员。

十九、突发事件应对法

（一）判断题

1. 突发事件，是指突然发生，造成或者可能造成严重社会危害，需要采取应急处置措施予以应对的自然灾害、事故灾难、公共卫生事件和社会安全事件。（　　）
2. 县级以上人民政府应当建立健全突发事件应急管理培训制度，对人民政府及其有关部门负有处置突发事件职责的工作人员定期进行培训。（　　）
3. 新闻媒体可有偿开展突发事件预防与应急、自救与互救知识的宣传。（　　）
4. 有关单位和人员报送、报告突发事件信息，应当做到及时、客观、真实，不得迟报、谎报、瞒报、漏报。（　　）

（二）单项选择题

1. 突发事件应对工作的原则是：（　　）

   A. 应急为主

   B. 预防为主、预防与应急相结合

   C. 预防为主

   D. 预防或应急为主

2. 县级人民政府应当在居民委员会、村民委员会和有关单位建立专职或者兼职信息(　　)。

   A. 申请制度　　B. 审批制度

   C. 备案制度　　D. 报告员制度

3. 一级自然灾害、事故灾害或公共卫生事件用下列哪种颜色标示?( )
A. 红色 B. 橙色
C. 黄色 D. 蓝色

(三) 多项选择题

1. 按照社会危害程度、影响范围等因素,自然灾害、事故灾难、公共卫生事件可分为四级,具体包括:( )
A. 特别重大 B. 重大
C. 较大 D. 一般
2. 国家鼓励公民、法人和其他组织为人民政府应对突发事件工作提供:( )。
A. 物资 B. 资金
C. 技术支持 D. 捐赠
3. 关于我国的突发事件应对,下列说法正确的有:( )
A. 国家建立健全突发事件监测制度
B. 国家建立健全突发事件预警制度
C. 国家建立健全应急通信保障体系
D. 国家建立健全应急物资储备保障制度
4. 可以预警的自然灾害、事故灾难和公共卫生事件的预警级别,按照突发事件发生的紧急程度、发展势态和可能造成的危害程度分为:( )
A. 一级 B. 二级
C. 三级 D. 四级

(四) 填空题

1. 国家建立____、____、____、____、____的应急管理体制。
2. 因采取突发事件应对措施,诉讼、行政复议、仲裁活动不能正常进行的，适用有关____和____的规定，但法律另有规定的除外。

3. 国务院建立____的突发事件信息系统。

4. 履行统一领导职责或者组织处置突发事件的人民政府，应当按照有关规定____、____、____发布有关突发事件事态发展和应急处置工作的信息。

（五）简答题

简述突发事件发生时需要对有关单位处以罚款的情形。

参考答案

（一）判断题

1. √，解析：《突发事件应对法》第 3 条第 1 款规定，本法所称突发事件，是指突然发生，造成或者可能造成严重社会危害，需要采取应急处置措施予以应对的自然灾害、事故灾难、公共卫生事件和社会安全事件。

2. √，解析：《突发事件应对法》第 25 条规定，县级以上人民政府应当建立健全突发事件应急管理培训制度，对人民政府及其有关部门负有处置突发事件职责的工作人员定期进行培训。

3. ×，解析：《突发事件应对法》第 29 条第 3 款规定，新闻媒体应当无偿开展突发事件预防与应急、自救与互救知识的公益宣传。

4. √，解析：《突发事件应对法》第 39 条第 2 款规定，有关单位和人员报送、报告突发事件信息，应当做到及时、客观、真实，不得迟报、谎报、瞒报、漏报。

（二）单项选择题

1. B，解析：《突发事件应对法》第 5 条规定，突发事件应对工作实行预防为主、预防与应急相结合的原则。国家建立重大突发事件风险评估体系，对可能发生的突发事件进行综合性评估，减少重大突发事件的发生，最大限度地减轻重大突发事件的影响。

2. D，解析：《突发事件应对法》第 38 条第 2 款规定，县级人民政府应当在居民委员会、村民委员会和有关单位建立专职或者兼职信息报告员制度。

3. A，解析：《突发事件应对法》第 42 条第 2 款规定，可以预警的自然灾害、事故灾难和公共卫生事件的预警级别，按照突发事件发生的紧急程度、发展势态和可能造成的危害程度分为一级、二级、三级和四级，分别用红色、橙色、黄色和蓝色标示，一级为最高级别。

（三）多项选择题

1. ABCD，解析：《突发事件应对法》第 3 条第 2 款规定，按照社会危害程度、影响范围等因素，自然灾害、事故灾难、公共卫生事件分为特别重大、重大、较大和一般四级。法律、行政法规或者国务院另有规定的，从其规定。
2. ABCD，解析：《突发事件应对法》第 34 条规定，国家鼓励公民、法人和其他组织为人民政府应对突发事件工作提供物资、资金、技术支持和捐赠。
3. ABCD，解析：《突发事件应对法》第 32 条第 1 款规定，国家建立健全应急物资储备保障制度，完善重要应急物资的监管、生产、储备、调拨和紧急配送体系。第 33 条规定，国家建立健全应急通信保障体系，完善公用通信网，建立有线与无线相结合、基础电信网络与机动通信系统相配套的应急通信系统，确保突发事件应对工作的通信畅通。第 41 条第 1 款规定，国家建立健全突发事件监测制度。第 42 条第 1 款规定，国家建立健全突发事件预警制度。
4. ABCD，解析：《突发事件应对法》第 42 条第 2 款规定，可以预警的自然灾害、事故灾难和公共卫生事件的预警级别，按照突发事件发生的紧急程度、发展势态和可能造成的危害程度分为一级、二级、三级和四级，分别用红色、橙色、黄色和蓝色标示，一级为最高级别。

（四）填空题

1. 统一领导；综合协调；分类管理；分级负责；属地管理为主。（《突发事件应对法》第 4 条）
2. 时效中止；程序中止。（《突发事件应对法》第 13 条）
3. 全国统一。（《突发事件应对法》第 37 条第 1 款）
4. 统一；准确；及时。（《突发事件应对法》第 53 条）

（五）简答题

答：根据《突发事件应对法》第64条第1款规定，有关单位有下列情形之一的，由所在地履行统一领导职责的人民政府责令停产停业，暂扣或者吊销许可证或者营业执照，并处5万元以上20万元以下的罚款；构成违反治安管理行为的，由公安机关依法给予处罚：

（1）未按规定采取预防措施，导致发生严重突发事件的；

（2）未及时消除已发现的可能引发突发事件的隐患，导致发生严重突发事件的；

（3）未做好应急设备、设施日常维护、检测工作，导致发生严重突发事件或者突发事件危害扩大的；

（4）突发事件发生后，不及时组织开展应急救援工作，造成严重后果的。

二十、环境保护法

（一）判断题

1. 提起环境损害赔偿诉讼的时效期间为3年。(　　)
2. 企业事业单位和其他生产经营者违法排放污染物，受到罚款处罚，被责令改正，拒不改正的，依法作出处罚决定的行政机关可以自责令改正之日起，按照原处罚数额按日连续处罚。(　　)
3. 未依法进行环境影响评价的开发利用规划，不得组织实施；未依法进行环境影响评价的建设项目，不得开工建设。(　　)
4. 企业事业单位和其他生产经营者，为改善环境，依照有关规定转产、搬迁、关闭的，人民政府应当予以支持。(　　)
5. 国家对严重污染环境的工艺、设备和产品实行停产整顿。(　　)

（二）单项选择题

1. 排放污染物的企业事业单位，应当建立(　　)责任制度，明确单位负责人和相关人员的责任。

   A. 环境保护　　B. 污染防治
   C. 终身问责　　D. 首问负责

2. 关于排污费，下列说法错误的是：(　　)

   A. 排放污染物的企业事业单位和其他生产经营者应当缴纳
   B. 排污费应当全部专项用于环境污染防治
   C. 按照排污许可证的要求排放污染物，可以免征排污费
   D. 依照法律规定征收环境保护税的，不再征收排污费

3. 应当由(　　)建立环境污染公共监测预警机制，组织制定预警方案。

A. 国务院
B. 省级人民政府
C. 市级人民政府生态环境主管部门
D. 县级以上人民政府

4. 国家对生态保护地区的财政政策是：(　　)

A. 降低财政贷款利率
B. 加大财政转移支付力度
C. 免收环境污染防治税
D. 提高污染企业税收

5. 下列企事业单位的做法，哪一项是错误的？(　　)

A. 企业优先使用清洁能源，采用资源利用率高、污染物排放量少的工艺、设备以及废弃物综合利用技术和污染物无害化处理技术，减少污染物的产生

B. 重点排污单位按照国家有关规定和监测规范安装使用监测设备，保证监测设备正常运行，保存原始监测记录

C. 企业事业单位按照国家有关规定制定突发环境事件应急预案，报所在地市级以上人民政府备案

D. 实行排污许可管理的企业事业单位和其他生产经营者按照排污许可证的要求排放污染物

(三) 多项选择题

1. 国家建立跨行政区域的重点区域、流域环境污染和生态破坏联合防治协调机制，实行下列哪些举措？(　　)

A. 统一规划
B. 统一标准
C. 统一监测
D. 统一的防治措施

2. 国家在哪些区域划定生态保护红线，实行严格保护？(　　)

A. 重点生态功能区

B. 重要的水源涵养区

C. 生态环境敏感区和脆弱区

D. 珍稀、濒危的野生动植物自然分布区域

3. 关于县级以上人民政府环境保护主管部门的职责，下列选项正确的

是：（　　）

A. 依法公开环境质量、环境监测、突发环境事件

B. 环境行政许可、行政处罚、排污费的征收和使用情况等信息

C. 本行政区域环境保护工作实施统一监督管理

D. 查封、扣押造成污染物排放的设施、设备

4. 关于环境质量标准的制定，下列说法正确的是：（　　）

A. 国家环境质量标准由国务院环境保护主管部门制定

B. 省、自治区、直辖市可以对国家环境质量标准中未作规定的项目制定地方环境质量标准

C. 地方环境质量标准可以低于国家环境质量标准

D. 地方环境质量标准应当报上一级政府备案

5. 建设项目中防治污染的设施应当与主体工程（　　）。

A. 同时设计　　　　B. 同时审批

C. 同时施工　　　　D. 同时投产使用

（四）填空题

1. 每年____月____日为环境日。

2. 企业事业单位和其他生产经营者超过污染物排放标准或者超过重点污染物排放总量控制指标排放污染物的，县级以上人民政府环境保护主管部门可以责令其采取____、____等措施。

3. 违反《环境保护法》规定，重点排污单位____或者____环境信息的，由县级以上地方人民政府环境保护主管部门责令公开，处以罚款，并予以公告。

4. 公民应当遵守环境保护法律法规，配合实施环境保护措施，按照规定对生活废弃物进行____，减少日常生活对环境造成的损害。

5. 重点排污单位应当如实向社会公开其主要污染物的名称、____、排放浓度和总量、超标排放情况，以及____的建设和运行情况，接受社会监督。

（五）简答题

简述可以提起环境公益诉讼的公益组织需满足的条件。

参考答案

（一）判断题

1. √，解析：根据《环境保护法》第66条规定。
2. ×，解析：根据《环境保护法》第59条第1款规定，企业事业单位和其他生产经营者违法排放污染物，受到罚款处罚，被责令改正，拒不改正的，依法作出处罚决定的行政机关可以自责令改正之日的次日起，按照原处罚数额按日连续处罚。
3. √，解析：根据《环境保护法》第19条第2款规定。
4. √，解析：根据《环境保护法》第23条规定。
5. ×，解析：根据《环境保护法》第46条第1款规定，国家对严重污染环境的工艺、设备和产品实行淘汰制度。任何单位和个人不得生产、销售或者转移、使用严重污染环境的工艺、设备和产品。

（二）单项选择题

1. A，解析：根据《环境保护法》第42条第2款规定，排放污染物的企业事业单位，应当建立环境保护责任制度，明确单位负责人和相关人员的责任。A项正确。
2. C，解析：根据《环境保护法》第43条规定，排放污染物的企业事业单位和其他生产经营者，应当按照国家有关规定缴纳排污费。排污费应当全部专项用于环境污染防治，任何单位和个人不得截留、挤占或者挪作他用。依照法律规定征收环境保护税的，不再征收排污费。A、B、D项正确，故C项当选。
3. D，解析：根据《环境保护法》第47条第2款规定，县级以上人民政府应当建立环境污染公共监测预警机制，组织制定预警方案；环境受到污染，可能影响公众健康和环境安全时，依法及时公布预警信息，启动应急措施。C 项正确。

4. B，解析：根据《环境保护法》第 31 条规定，国家建立、健全生态保护补偿制度。国家加大对生态保护地区的财政转移支付力度。有关地方人民政府应当落实生态保护补偿资金，确保其用于生态保护补偿。国家指导受益地区和生态保护地区人民政府通过协商或者按照市场规则进行生态保护补偿。B 项正确。

5. C，解析：根据《环境保护法》第 40、42、45 条规定，A、B、D 项正确。根据《环境保护法》第 47 条第 3 款规定，企业事业单位应当按照国家有关规定制定突发环境事件应急预案，报环境保护主管部门和有关部门备案。在发生或者可能发生突发环境事件时，企业事业单位应当立即采取措施处理，及时通报可能受到危害的单位和居民，并向环境保护主管部门和有关部门报告。C 项错误。

（三）多项选择题

1. ABCD，解析：根据《环境保护法》第 20 条第 1 款规定，国家建立跨行政区域的重点区域、流域环境污染和生态破坏联合防治协调机制，实行统一规划、统一标准、统一监测、统一的防治措施。故 A、B、C、D 项正确。

2. AC，解析：根据《环境保护法》第 29 条第 1 款规定，国家在重点生态功能区、生态环境敏感区和脆弱区等区域划定生态保护红线，实行严格保护。故 A、C 项正确。

3. ABCD，解析：根据《环境保护法》第 54 条第 2 款规定，县级以上人民政府环境保护主管部门和其他负有环境保护监督管理职责的部门，应当依法公开环境质量、环境监测、突发环境事件以及环境行政许可、行政处罚、排污费的征收和使用情况等信息。A、B 项正确。根据《环境保护法》第 10 条第 1 款规定，县级以上地方人民政府环境保护主管部门，对本行政区域环境保护工作实施统一监督管理。C 项正确。根据《环境保护法》第 25 条规定，企业事业单位和其他生产经营者违反法律法规规定排放污染物，造成或者可能造成严重污染的，县级以上人民政府环境保护主管部门和其他负有环境保护监督管理职责的部门，可以查封、扣押造成污染物排放的设施、设备。D项正确。

4. AB，解析：根据《环境保护法》第15条规定，国务院环境保护主管部门制定国家环境质量标准。省、自治区、直辖市人民政府对国家环境质量标准中未作规定的项目，可以制定地方环境质量标准；对国家环境质量标准中已作规定的项目，可以制定严于国家环境质量标准的地方环境质量标准。地方环境质量标准应当报国务院环境保护主管部门备案。故A、B项正确。

5. ACD，解析：根据《环境保护法》第41条规定，建设项目中防治污染的设施，应当与主体工程同时设计、同时施工、同时投产使用。防治污染的设施应当符合经批准的环境影响评价文件的要求，不得擅自拆除或者闲置。故A、C、D项正确。

（四）填空题

1. 6；5。（《环境保护法》第12条）
2. 限制生产；停产整治。（《环境保护法》第60条）
3. 不公开；不如实公开。（《环境保护法》第62条）
4. 分类放置。（《环境保护法》第38条）
5. 排放方式；防治污染设施。（《环境保护法》第55条）

（五）简答题

答：根据《环境保护法》第58条的规定，对污染环境、破坏生态，损害社会公共利益的行为，符合下列条件的社会组织可以向人民法院提起诉讼：

（1）依法在设区的市级以上人民政府民政部门登记；

（2）专门从事环境保护公益活动连续5年以上且无违法记录。

二十一、刑　法

（一）判断题

1. 违反爆炸性、易燃性、放射性、毒害性、腐蚀性物品的管理规定，在生产、储存、运输、使用中发生重大事故，造成严重后果的，处3年以下有期徒刑或者拘役。（　　）
2. 违反消防管理法规，造成严重后果的，对直接责任人员，处3年以下有期徒刑或者拘役；后果特别严重的，处3年以上7年以下有期徒刑。（　　）
3. 强令他人违章冒险作业，或者明知存在重大事故隐患而不排除，仍冒险组织作业，因而发生重大伤亡事故或者造成其他严重后果的，处5年以下有期徒刑或者拘役；情节特别恶劣的，处5年以上有期徒刑。（　　）

（二）单项选择题

1. 下列哪个选项符合对直接责任人员处3年以下有期徒刑或者拘役的情形。（　　）

A. 明知校舍或者教育教学设施有危险，而不采取措施或者不及时报告，致使发生重大伤亡事故的，后果特别严重的

B. 违反消防管理法规，经消防监督机构通知采取改正措施而拒绝执行，造成严重后果的

C. 建设单位、设计单位、施工单位、工程监理单位违反国家规定，降低工程质量标准，造成重大安全事故的

D. 生产不符合保障人身、财产安全的国家标准、行业标准的电器、压力容器、易燃易爆产品或者其他不符合保障人身、财产安全的国家标准、行业标准的产品，造成严重后果的

2. 在生产、作业中违反有关安全管理的规定，因而发生重大伤亡事故或者造成其他严重后果的，处以何种惩罚？（　　）

A. 处3年以下有期徒刑或者拘役

B. 处3年以上7年以下有期徒刑

C. 处5年以下有期徒刑或者拘役

D. 处5年以上有期徒刑

3. 下列哪个选项不是危险作业罪的法定刑种？（　　）

A. 有期徒刑　　B. 无期徒刑

C. 拘役　　D. 管制

（三）多项选择题

1. 下列哪些情形对直接负责的主管人员和其他直接责任人员，处3年以下有期徒刑或者拘役？（　　）

A. 安全生产设施或者安全生产条件不符合国家规定，因而发生重大伤亡事故或者造成其他严重后果的

B. 举办大型群众性活动违反安全管理规定，因而发生重大伤亡事故或者造成其他严重后果的

C. 强令他人违章冒险作业，或者明知存在重大事故隐患而不排除，仍冒险组织作业，因而发生重大伤亡事故或者造成其他严重后果的

D. 建设单位、设计单位、施工单位、工程监理单位违反国家规定，降低工程质量标准，造成重大安全事故的

2. 违反具有下列哪些性质的物品的管理规定，在生产、储存、运输、使用中发生重大事故，造成严重后果的构成危险物品肇事罪？（　　）

A. 爆炸性　　B. 易燃性

C. 放射性　　D. 毒害性

3. 下列哪些单位违反国家规定，降低工程质量标准，造成重大安全事故的，构成重大安全事故罪？（　　）

A. 工程建设单位　　B. 设计单位

C. 施工单位　　D. 工程监理单位

（四）填空题

1. 构成生产、销售不符合安全标准的产品罪后果特别严重的，处五年以上有期徒刑，并处销售金额____以上____以下罚金。
2. 在安全事故发生后，____的人员不报或者谎报事故情况，贻误事故抢救，情节严重的，处3年以下有期徒刑或者拘役；情节特别严重的，处3年以上7年以下有期徒刑。
3. ____或者____不符合国家规定，因而发生重大伤亡事故或者造成其他严重后果的，对直接负责的主管人员和其他直接责任人员，处三年以下有期徒刑或者拘役。

（五）简答题

简述构成危险作业罪的情形及相应惩罚。

参考答案

（一）判断题

1. ×，解析：根据《刑法》第136条规定。
2. √，解析：根据《刑法》第139条规定，违反消防管理法规，经消防监督机构通知采取改正措施而拒绝执行，造成严重后果的，对直接责任人员，处3年以下有期徒刑或者拘役；后果特别严重的，处3年以上7年以下有期徒刑。
3. √，解析：根据《刑法》第134条规定。

（二）单项选择题

1. B，解析：根据《刑法》第138条规定，明知校舍或者教学设施有危险，而不采取措施或者不及时报告，致使发生重大伤亡事故的，对直接责任人员，处3年以下有期徒刑或者拘役；后果特别严重的，处3年以上7年以下有期徒刑。A项错误。

   根据《刑法》第139条规定，违反消防管理法规，经消防监督机构通知采取改正措施而拒绝执行，造成严重后果的，对直接责任人员，处3年以下有期徒刑或者拘役；后果特别严重的，处3年以上7年以下有期徒刑。B项正确。

   根据《刑法》第137条规定，建设单位、设计单位、施工单位、工程监理单位违反国家规定，降低工程质量标准，造成重大安全事故的，对直接责任人员，处5年以下有期徒刑或者拘役，并处罚金；后果特别严重的，处5年以上10年以下有期徒刑，并处罚金。

   根据《刑法》第146条规定，生产不符合保障人身、财产安全的国家标准、行业标准的电器、压力容器、易燃易爆产品或者其他不符合保障人身、财产安全的国家标准、行业标准的产品，或者销售明知是以上不符合保障人身、财产安全的国家标准、行业标准的产品，造成严重后果的，处5年以下有期徒刑，并处销售金额50%以上2倍以下罚金；后果特别严重的，处5年以上有期徒刑，并处销售金额50%以上2倍以下罚金。

2. A，解析：根据《刑法》第134条规定，在生产、作业中违反有关安全管理的规定，因而发生重大伤亡事故或者造成其他严重后果的，处3年以下有期徒刑或者拘役；情节特别恶劣的，处3年以上7年以下有期徒刑。

3. B，解析根据《刑法》第134条规定，在生产、作业中违反有关安全管理的规定，有下列情形之一，具有发生重大伤亡事故或者其他严重后果的现实危险的，处1年以下有期徒刑、拘役或者管制。

（三）多项选择题

1. AB，解析：根据《刑法》第135条规定，安全生产设施或者安全生产条件不符合国家规定，因而发生重大伤亡事故或者造成其他严重后果的，对直接负责的主管人员和其他直接责任人员，处3年以下有期徒刑或者拘役；情节特别恶劣的，处3年以上7年以下有期徒刑。

根据《刑法》第135条之一规定，举办大型群众性活动违反安全管理规定，因而发生重大伤亡事故或者造成其他严重后果的，对直接负责的主管人员和其他直接责任人员，处3年以下有期徒刑或者拘役；情节特别恶劣的，处3年以上7年以下有期徒刑。故AB项正确。

根据《刑法》第134条规定，强令他人违章冒险作业，或者明知存在重大事故隐患而不排除，仍冒险组织作业，因而发生重大伤亡事故或者造成其他严重后果的，处5年以下有期徒刑或者拘役；情节特别恶劣的，处5年以上有期徒刑。

根据《刑法》第137条规定，建设单位、设计单位、施工单位、工程监理单位违反国家规定，降低工程质量标准，造成重大安全事故的，对直接责任人员，处5年以下有期徒刑或者拘役，并处罚金；后果特别严重的，处5年以上10年以下有期徒刑，并处罚金。CD项错误，不当选。

2. ABCD，根据《刑法》第136条规定，违反爆炸性、易燃性、放射性、毒害性、腐蚀性物品的管理规定，在生产、储存、运输、使用中发生重大事故，造成严重后果的，处3年以下有期徒刑或者拘役；后果特别严重的，处3年以上7年以下有期徒刑。
3. ABCD，根据《刑法》第137条规定，建设单位、设计单位、施工单位、工程监理单位违反国家规定，降低工程质量标准，造成重大安全事故的，对直接责任人员，处5年以下有期徒刑或者拘役，并处罚金；后果特别严重的，处5年以上10年以下有期徒刑，并处罚金。

（四）填空题

1. 50%；2倍。（《刑法》第146条）
2. 负有报告职责。（《刑法》第139条之一）
3. 安全生产设施；安全生产条件。（《刑法》第135条）

（五）简答题

答：根据《刑法》第134条之一："危险作业罪是在生产、作业中违反有关安全管理的规定，有下列情形之一，具有发生重大伤亡事故或者其他严重后果的现实危险的，处1年以下有期徒刑、拘役或者管制：（一）关闭、破坏直接关系生产安全的监控、报警、防护、救生设备、设施，或者篡改、隐瞒、销毁其相关数据、信息的；（二）因存在重大事故隐患被依法责令停产停业、停止施工、停止使用有关设备、设施、场所或者立即采取排除危险的整改措施，而拒不执行的；（三）涉及安全生产的事项未经依法批准或者许可，擅自从事矿山开采、金属冶炼、建筑施工，以及危险物品生产、经营、储存等高度危险的生产作业活动的。”

图书在版编目（CIP）数据

安全生产法普法知识题集 / 中国法制出版社编 .—
北京：中国法制出版社，2021.6
（普法知识题集系列）
ISBN 978-7-5216-1961-4

Ⅰ.①安… Ⅱ.①中… Ⅲ.①安全生产-安全法规-
中国-习题集 Ⅳ.①D922.54-44

中国版本图书馆 CIP 数据核字（2021）第 103067 号

策划统筹 胡 斌 唐 鹍
责任编辑 唐 鹍 刘海龙
封面设计 李 宁

安全生产法普法知识题集

ANQUAN SHENGCHAN FA PUFA ZHISHI TIJI

经销/新华书店
印刷/三河市紫恒印装有限公司
开本/880 毫米×1230 毫米 32 开 印张/4 字数/213 千
版次/2021 年 6 月第 1 版 2021 年 6 月第 1 次印刷

中国法制出版社出版
书号 ISBN 978-7-5216-1961-4 定价：18.00 元

北京西单横二条 2 号
邮政编码 100031 传真：010-66031119
网址：http：//www.zgfzs.com **编辑部电话：010-66066820**
市场营销部电话：010-66033393 **邮购部电话：010-66033288**

